Bruce Van Natta exp[...]
de Dios. Ahora Dio[...]
usted en lo sobrenat[...]

PRESENTADOR DE *IT'S SUPERNATURAL!*
(¡ES SOBRENATURAL!)

No es posible estar cerca de Bruce Van Natta y no ser profundamente conmovido por su espíritu auténtico. Él es un hombre cuya vida tiene una inusual y pesada unción, debido a que ha experimentado el poder de Dios en una manera que pocos la hemos experimentado. Su nuevo libro, *Una vida milagrosa*, refleja esa misma unción, ¡además de brindar revelaciones poco comunes del plano espiritual que sin duda pueden ayudarnos a vencer a los gigantes que amenazan con destruir nuestra vida! Es un libro que no pueden dejar de leer aquellos que desean más del poder y de la presencia de Dios en su vida.

MAX DAVIS
AUTOR DE *THE INSANITY OF UNBELIEF:
A JOURNALIST'S JOURNEY FROM BELIEF TO
SKEPTICISM TO DEEP FAITH* [LA INSENSATEZ
DE LA INCREDULIDAD: EL VIAJE DE UN PERIODISTA,
DE CREER AL ESCEPTICISMO A UNA FE PROFUNDA]

La vida de Bruce Van Natta ha sido moldeada por los milagros de Dios. Estas sorprendentes historias de sanidad, rescate y esperanza le inspirarán a vivir a diario una vida sobrenatural victoriosa.

—DR. JAMES L. GARLOW
PASTOR, LOCUTOR DE RADIO Y COAUTOR DEL ÉXITO DE
VENTAS DEL *NEW YORK TIMES*, *CRACKING DA VINCI'S
CODE* (AGRIETAR EL CÓDIGO DA VINCI)

Al ser el pastor de Bruce, puedo dar fe de su integridad, sé que presenta con precisión los testimonios de milagros que se encuentran en este libro. Es un hombre de carácter y principios que es agradable y sabe relacionarse con la gente. Tiene compasión cristiana y demuestra un genuino amor y interés por los demás, especialmente por los enfermos, afligidos y oprimidos por el enemigo. Ha respondido al llamado de Dios y está cumpliendo el propósito de Dios para esta generación.

—MATTHEW J. MALLEK
FUNDADOR Y PASTOR PRINCIPAL DE LA IGLESIA GOOD
NEWS FELLOWSHIP EN STEVENS POINT, WI; FUNDADOR
Y PRESIDENTE DE LA RED DE IGLESIAS Y MINISTERIOS
GOOD NEWS FELLOWSHIP NETWORK

Me da mucha alegría que este libro esté en las manos del pueblo de Dios. El testimonio de Bruce, junto con la Palabra de Dios y los milagros alrededor del mundo nos recuerdan que Dios sigue obrando y a gran escala. Hay que refrescarle la memoria a la Iglesia de que el Señor continúa moviendo montañas hoy en día; Jesús está locamente enamorado de su Novia y es capaz de hacer mucho más allá de lo que podamos imaginar. Este libro es un regalo directo del trono de nuestro amado Salvador.

—AUDRA HANEY
PRODUCTORA DEL PROGRAMA DE TELEVISIÓN
THE 700 CLUB

Una vida milagrosa de Bruce Van Natta es un libro que no puede dejar de leer una vez lo empieza. Bruce comparte sobre el estilo de vida milagroso que ha experimentado y desea ayudar para que usted lo experimente también. El milagro más grande de todos es lo que ha hecho con la divina intervención de Dios en su vida. Este es un ministerio que verdaderamente despierta nuestros corazones a la realidad de que Jesucristo es el mismo ayer, hoy y por los siglos (Hebreos 13:8). Escuchará el latido del corazón del Espíritu Santo en cada página.

—JIM MACHEN
PASTOR PRINCIPAL DE LA CHURCH OF THE OPEN
DOOR, CLINTON, IA; MIEMBRO DE LA JUNTA DE LA
INTERNATIONAL CHURCH OF THE FOURSQUARE GOSPEL

Bruce Van Natta

Una vida milagrosa

Historias verídicas de encuentros
sobrenaturales con Dios

CASA
CREACIÓN

La mayoría de los productos de Casa Creación están disponibles a un precio con descuento en cantidades de mayoreo para promociones de ventas, ofertas especiales, levantar fondos y atender necesidades educativas. Para más información, escriba a Casa Creación, 600 Rinehart Road, Lake Mary, Florida, 32746; o llame al teléfono (407) 333-7117 en Estados Unidos.

Una vida milagrosa por Bruce Van Natta
Publicado por Casa Creación
Una compañía de Charisma Media
600 Rinehart Road
Lake Mary, Florida 32746
www.casacreacion.com

Visite la página web del autor: www.sweetbreadministries.com

Traducido por: pica6.com (con la colaboración de Danaé G. Sánchez Rivera y Salvador Eguiarte D.G.)
Diseño de portada: Gearbox Studio
Director de diseño: Bill Johnson

Originally published in the U.S.A. under the title:
A Miraculous Life
Published by Charisma House, a Charisma Media Company, Lake Mary, FL 32746 USA

Library of Congress Control Number: 2012950711
ISBN: 978-1-61638-801-0
E-book: 978-1-62136-104-6

Nota de la editorial: Aunque el autor hizo todo lo posible por proveer teléfonos y páginas de Internet correctas al momento de la publicación de este libro, ni la editorial ni el autor se responsabilizan por errores o cambios que puedan surgir luego de haberse publicado.

Impreso en los Estados Unidos de América
13 14 15 16 17 * 7 6 5 4 3 2 1

Este libro está dedicado al Dios vivo y trino. Que su nombre sea glorificado en estas páginas, y que las personas que las lean puedan conocerlo mejor a medida que experimentan la vida milagrosa que Él tiene disponible para todos.

Contenido

Prefacio

Una fe grande proviene de grandes luchas/
Los grandes testimonios son el resultado de grandes
pruebas/
Las grandes victorias surgen de pruebas difíciles/
—Smith Wigglesworth

EN NOVIEMBRE DE 2006 tuve un accidente terrible en el que, a punto de morir, tuve una experiencia extracorpórea. Durante esa experiencia extracorpórea, el Señor me permitió ver a los dos ángeles que Él envió para salvar mi vida. El año siguiente pasé la mayor parte del tiempo en el hospital por cirugías serias y soportando muchos días en que ni siquiera podía salir de la cama debido a dolores y heridas severos. Cerré mi exitoso negocio de mecánica diésel y finalmente me sometí al llamado de Dios para mi vida, a fin de dedicarme de tiempo completo al ministerio. De alguna manera, ese año terminé ministrando unas cuantas veces entre estancias en el hospital y cirugías.

El 1 de enero de 2008 comenzamos oficialmente Sweet Bread Ministries, después de semanas de haber salido del hospital por mi última cirugía importante. Miramos con sobrecogimiento la manera en que el Señor utilizó este testimonio para traer a muchas personas a la salvación, así como para traer sanidad a muchas otras. ¡Era claro que Dios estaba transformando esta tragedia en una victoria!

Durante mayo de ese año, mientras continuaba recuperándome en casa, el Señor me dio un sueño que se relacionaba directamente con el libro que ahora tiene usted en sus manos. Eso, así como otras cosas sobrenaturales que sucedieron, me comprobó cuan importante cree Él que es este mensaje.

En el sueño, yo me encontraba en un aeropuerto esperando abordar un avión de pasajeros para un vuelo muy importante. Estaba buscando mi maleta, pero no podía encontrarla y, por alguna razón, me daba cuenta de que muchas personas estaban atoradas y que sus planes no podrían continuar hasta que el avión despegara. Desde un escritorio, una persona sin rostro apuntó hacia un grande reloj redondo y me dijo que necesitaba recoger mis pertenencias, porque el avión iba a despegar en exactamente tres minutos. Tuve una sensación de apremio, además de sentir que no estaba preparado, mientras veía que otros estaban contando conmigo y esperándome.

El sueño terminó inmediatamente y me desperté sintiendo una fuerte presencia del Señor en mi habitación. Le pregunté qué significaba ese sueño y el Espíritu Santo me dijo muy claramente que "hiciera las cuentas". Yo estaba confundido debido a que solamente había recibido un número en el sueño: tres minutos para que despegara el avión. El Espíritu Santo entonces me recordó que para el Señor, un día era como mil años y me dijo de nuevo que "hiciera las cuentas".

Me levanté de la cama, me senté en el escritorio y comencé a hacer encajar estos números en la única fórmula algebraica que podía recordar de la escuela. Si para el Señor un día son como mil años míos, entonces la pregunta era: ¿Qué son tres minutos del Señor en mi tiempo? Después de utilizar la ecuación, llegué a la respuesta de dos años y veintitantos días. Le pregunté al Señor si había llegado a la respuesta correcta y el Espíritu Santo dijo que sí y que ahora debía escribirla en mi diario. De manera que registré el sueño junto con su interpretación en mi diario y terminé la entrada diciendo que algo muy importante sucedería en el ministerio y en otras personas al final de junio de 2010. La última frase que escribí en esa entrada simplemente dice: "¡El ministerio de poder se acerca!".

Yo ya había olvidado el sueño por completo para cuando

pasaron esos dos años, pero el Señor utilizó otra situación para hacer que regresara y leyera el diario, y esa anotación en particular. Me di cuenta de que solamente faltaban dos semanas para ese momento, de manera que lo marqué en mi calendario.

Cuando llegó esa semana, yo estaba esperando con una gran expectativa. Mi respuesta al sueño llegó a través de una llamada de Charisma House Book Group. Alguien con un puesto muy importante en la editorial, recientemente había leído una historia acerca de mí en la revista *Charisma* y sintió que el Señor lo estaba llevando a extenderme una oferta para publicar mi siguiente libro.

La persona que llamó me dijo que tenía algunas ideas de lo que estaban buscando y esas ideas "simplemente" encajaban con lo que el Señor me había dicho acerca de lo que debía ser el libro, en los meses precedentes a esta llamada. Las ideas que me presentaron incluían relatar testimonios del poder de Dios en nuestra vida diaria. ¡Estaba claro que esta oferta inesperada e imprevista era la soberana mano de Dios obrando, y el comienzo del cumplimiento del sueño!

Me dijeron que ahora tendríamos que pasar por el proceso en el que los diferentes departamentos necesitarían poner su sello de aprobación al proyecto, antes de que este procediera. La reunión preliminar del proyecto sucedió en julio y la decisión final se haría en una reunión el 22 de octubre.

Yo tenía una cita médica ese día para una revisión de rutina. Habían pasado casi cuatro años del accidente y el médico estaba asombrado de que, de acuerdo con los análisis de sangre y con varios resultados de otros análisis, yo me encontraba casi perfectamente sano.

Mientras regresaba a casa del hospital, yo me encontraba de un humor glorioso. La revisión era una prueba más de mi sanidad milagrosa. Yo sabía que la reunión en la casa editorial habría acabado para entonces y que seguramente había un mensaje en mi contestador con "buenas noticias" de su parte.

Toda mi familia había salido ese día cuando yo salí de casa, y no regresarían sino hasta tarde. Esto significaba que la única persona en casa sería Daisy, nuestra labrador de cien libras (45,36 kg), el séptimo miembro de la familia. Durante el tiempo prolongado de reposo después del accidente, ella no se separó de mí y se convirtió en mi sombra. Debido a esto, ella se acostumbró a tenerme a su alrededor; de manera que a ella no le gusta en absoluto que yo salga. Esto también significa que cuando llego a casa ella siempre me recibe en la puerta con muchas muestras de afecto y ladrando.

Ese día, cuando llegué a casa y abrí la puerta que dirige a la habitación principal de nuestra casa, lo que sucedió me dejó completamente estupefacto. Primero que nada, Daisy no me estaba ladrando al otro lado de la puerta, lo cual era bastante extraño. Cuando abrí la puerta, inmediatamente pude verla frente a una de las dos grandes puertas corredizas que se encuentran del lado opuesto de la habitación. Ella estaba de cara al vidrio, de espaldas hacia la habitación y a mí. La llamé, pero ella no se movió, lo cual normalmente no sucedía.

Mientras comencé a acercarme, me detuve sorprendido por lo que vi. Había un ave sentada junto a ella en el suelo, ¡mirando también hacia la ventana! Entonces pude ver varias manchas verticales en el vidrio de la puerta corrediza, de un lado a otro. En ese momento, el ave voló a dos pies del suelo y comenzó revolotear contra el vidrio. Al hacerlo, Daisy colocó su nariz bajo el ave que revoloteaba y comenzó a empujarla suavemente, como si intentara ayudarla a volar. Después de un rato, el ave volvió a posarse en el suelo, evidentemente cansada, y ambas continuaron mirando hacia la ventana una al lado de la otra.

Ahora era obvio que las manchas en el vidrio eran de la nariz de Daisy, ya que ella estaba empujando al ave hacia arriba, intentando ayudarla a volar. Si esto no le sorprende, se debe a que usted no conoce a Daisy. Ella es una perra grandiosa a quien le encanta vivir en el bosque, pero tengo que admitir que tiene un lado oscuro. Aunque sea tan cariñosa y linda con la gente, ella no puede evitar matar animales pequeños. Debido a su raza, ella caza continuamente conejos, todo tipo de ardillas, aves e incluso ratones. No importa qué animal sea ni dónde esté, ella cree que su trabajo es encontrarlo y exterminarlo. Es el único mal hábito que nunca hemos podido quitarle. Es parte de su naturaleza y, ¡ahí estaba ella, sin intentar matar a esa ave; sino mirándola como si estuviera intentando ayudarla a salir! No era para nada lógico.

Me llovían ideas al comenzar a contemplar cómo es que esa ave había entrado a la casa en primer lugar. No había ventanas ni puertas abiertas, e incluso si las había, todas tenían mosquitero. No teníamos chimeneas ni aberturas por las que pudiera entrar un ave. Nadie más había estado en la casa, ya que había estado completamente cerrada hasta mi regreso. En todos los años desde que construimos la casa, nunca había entrado ni una sola ave, y ciertamente, no vi al ave en la casa cuando salí. El ave no parecía estar lastimada y, de manera interesante, tampoco pude identificar fácilmente qué tipo de ave era. Se parecía demasiado a una huilota, pero no era del color de esa ave, ya que era casi completamente blanca y tenía algunas áreas más oscuras en la parte superior de las alas. Yo nunca había visto ese tipo de ave, lo cual era extraño después de haber crecido en el campo, de ser alguien ávido por estar en la naturaleza y de haber vivido en el bosque casi toda mi vida.

Mientras veía con completa incredulidad a mi perra y a esa ave tranquilamente echados juntos en el piso de mi casa completamente cerrada, entró una fuerte presencia del Señor. Entonces, el Espíritu Santo me habló. Él simplemente me dijo que necesitaba soltar al ave. Caminé hacia la puerta esperando que el ave, la cual ahora estaba cerca de mis pies, intentara alejarse de mí volando, pero no se movió. Me arrodillé y miré al ave de cerca. Parecía ser una ave adulta, pero de manera extraña, no parecía temerme. De hecho, golpeé la parte trasera de su cabeza y ella no se movió. Incluso, mientras lo hacía, ni siquiera desvió su mirada de la ventana. No pude evitar preguntarme qué tenía esta ave, o lo que es más, la perra; y una vez más, el Espíritu Santo dijo que necesitaba soltarla. Me levanté y abrí la puerta de vidrio corrediza, pero para mi sorpresa, ni el ave ni la perra movieron ni un músculo.

Una vez más, el Espíritu Santo me dijo que soltara al ave, de manera que dije en voz alta: "Eres libre para marcharte. Estás liberada". En ese momento, el ave voló fácilmente y con gracia hacia el bosque, y se perdió de vista. Todo el evento tuvo una sensación surrealista y yo me encontré repitiendo una y otra vez: "No puedo creer lo que acaba de suceder". El vidrio sucio y las pequeñas manchas de excremento de ave que había en el suelo comprobaron que de verdad había sucedido. Saqué nuestra guía *Nacional Audbon Society Field* de aves norteamericanas y busqué esta extraña ave, pero no puede encontrar ninguna fotografía que encajara con ella. Mientras intentaba imaginarme de nuevo al ave blanca, parecía que las marcas oscuras de las alas se mezclaban en mi mente y simplemente no podía distinguirlas con ninguna de las imágenes del libro.

Continuaba habiendo una fuerte sensación de la presencia del Señor y le pregunté de qué se trataba todo eso. Sentí que me guió a sentarme en mi escritorio, a encender mi computadora y entonces revisé mis mensajes telefónicos y de correo electrónico. Había un mensaje telefónico de Charisma House diciendo que la reunión había salido bien, que estaban emocionados por el libro y que el proyecto tenía luz verde. También encontré un correo electrónico de alguien de la revista *Charisma* que me había enviado una liga de su página principal, ¡y allí en la página principal se encontraba un ave casi completamente blanca como la que yo había visto minutos antes en mi casa! Busqué en mi repisa y me di cuenta de que también era la portada de uno de los números más recientes de la revista: ¡un ave parecida a una paloma con marcas indistinguibles de color en las alas!

El Espíritu Santo me habló de nuevo y me dijo que lo que acababa de suceder era sobrenatural y que era una profecía del mensaje que estaría incluido en el proyecto de este libro. Este era un mensaje tan poderoso que podría traer paz sobrenatural adonde habían habido problemas, victoria a donde había existido pérdida y vida a donde había habido muerte. (El hecho de que mi perra no estuviera intentando matar al ave como lo haría normalmente, sino intentando ayudarla, ahora era completamente lógico). El ave era blanca y negra, porque este mensaje es completamente verdadero, pero las marcas de las alas eran indistinguibles, mostrando la gran confusión que rodea este tema. La libertad llena de gracia se acercaría a los cautivos cuando este mensaje fuera liberado y era muy claro que Dios estaba diciendo que ahora era el tiempo para soltar este mensaje y me estaba diciendo a mí que lo hiciera.

El Señor también me recordó el sueño original que me había dado acerca de este libro: que había muchas personas esperando, que estaban siendo obstaculizadas y que los planes que Él tenía para ellas no estaban siendo cumplidos hasta que este mensaje fuera liberado en la sala de abordar.

Este libro contiene ese mensaje envuelto en varios testimonios que usted leerá. Este es un mensaje tan poderoso que cambiará su vida para siempre, si usted lo abraza. Dios desea otorgarle poder para que tenga una vida de victoria sobre el enemigo sin importar lo que suceda, caminando en lo milagroso y experimentando lo sobrenatural como parte de la vida "normal", ¡no solamente para su propio beneficio, sino también para que pueda mostrarle a un mundo perdido y herido quién es Dios en realidad!

—BRUCE VAN NATTA

Introducción

PRIMERA DE CORINTIOS 4:20 declara que el Reino de Dios no consiste en palabras, sino en poder. Este es solo uno de la infinidad de versículos de la Biblia que nos muestra lo que está disponible para todos los creyentes. Dios desea que nos mantengamos conectados con Él, de manera que podamos tener una vida sobrenatural de victoria. Jesús dijo que nuestro enemigo el diablo viene a robar, matar y destruir, pero Él vino para que tuviéramos vida y la tuviéramos en abundancia (Juan 10:10). Él desea que tengamos una vida abundante. Debemos esperar que la vida plena, milagrosa y abundante sea el cristianismo normal. Este libro está lleno de historias de cómo luce lo milagroso en la vida diaria y nos da puntos clave para ayudarles a los creyentes a recibir el poder para caminar en la victoria sobrenatural, a pesar de las circunstancias o incluso con resultados a corto plazo.

Apocalipsis 12:11 dice: "Ellos lo han vencido por medio de la sangre del Cordero y por el mensaje del cual dieron testimonio". A partir del contexto sabemos que "lo" se refiere a Satanás o el diablo. El versículo dice claramente que lo vencimos a él primero que nada por la sangre del Cordero, la cual es la obra terminada en la cruz que Jesús mismo llevó a cabo. Esa es la única razón por la que podemos esperar tener victoria en cualquier área de nuestra vida.

La siguiente frase dice que también vencieron al diablo "por el mensaje del cual dieron testimonio". El testimonio de lo que Jesús hizo mientras se encontraba en esta Tierra y el testimonio de lo que Él continúa llevando a cabo en la vida de la gente ahora son tan poderosos que pueden vencer por completo a nuestro principal adversario, el diablo. ¡Esta es una de las dos razones por la que este libro está lleno de testimonios! ¡Los testimonios son poderosos! Piense en sus historias favoritas de la Biblia, ¿qué son? Son testimonios de lo que Dios llevó a cabo o cumplió en la vida de alguien. Cuando se leen, estos testimonios tienen la capacidad de edificar la fe de una persona, eso es lo que los hace tan poderosos.

En Apocalipsis 19:10, también aprendemos algo muy interesante acerca del testimonio. En la última frase dice que "el testimonio de Jesús es el espíritu que inspira la profecía". Así es como yo lo veo en mi vida diaria. Digamos que alguien es sordo y desea que el Señor lo sane. Yo comienzo a hablarle acerca de varias personas en específico a quienes he visto que el Señor ha sanado de la sordera, algunas veces mencionando su nombre, su ciudad o las iglesias donde ha sucedido; o menciono alguna historia de la Biblia en la que sucedió eso.

Muy a menudo les digo que Dios ama a todos por igual, incluso tanto como amó a Jesús, según Juan 17:23. Yo les digo que si Él sanó de la sordera a todas las personas que les menciono, entonces también pueden esperar que Él haga lo mismo en ellos. En otras palabras, los testimonios que les comparto de lo que Jesús hizo por otras personas, así como los testimonios que leemos en la Biblia, ¡son profecías de lo que Él desea hacer en ellos! Esta es la segunda razón por la que este libro está lleno de testimonios: ¡son profecías! Aunque no conozcamos la agenda o las tácticas de Dios para sanar a alguien o para ayudarlo a salir de un problema, podemos saber a partir de la Biblia que su voluntad es ser nuestro Sanador y Redentor de una u otra manera, tarde o temprano, ya que ¡Jesús declaró que Él vino a liberar a los cautivos! (ver Lucas 4:16–19; Juan 8:36).

He visto que el Señor me ha llevado a utilizar esta táctica muy a menudo cuando ministro a la gente, ya que tiene la habilidad de elevar su nivel de fe a un punto en el que puedan creer que hay una gran probabilidad de que Dios haga en ellos lo que ha hecho en otros. Si tienen una relación rota, yo les hablo acerca de gente cuyas relaciones han sido restauradas. Si tienen algún tipo de problema espiritual, yo les hablo de gente que ha recibido la victoria a través de Jesús. Si tienen un problema físico de alguna suerte, les hablo acerca gente que ha sido sanada de lo mismo. Si están lidiando con un problema espiritual, les hablo acerca de personas que han sido liberadas de la misma dificultad. No hay muchas cosas en las que no hayamos visto, por lo menos una vez, que el Señor haya hecho un milagro, de modo que si es posible compartir con la persona por lo menos un testimonio de alguien a quien Dios haya ayudado a vencer el mismo problema que ella está sufriendo, lo hago.

Cuando lea los testimonios de este libro, llévelos a su corazón y aplíquelos a su vida. Yo le he pedido al Señor que al hacerlo se cumplan dos cosas en usted.

En primer lugar, le he pedido a Dios que usted se dé cuenta de que Él desea otorgarle poder para vivir una vida de victoria y que le ha proporcionado todo lo que usted necesita para que eso suceda, sin importar cuál sea el problema o cuan difícil luzca. ¡Dios dice que usted es más que vencedor! (Romanos 8:31–39).

En segundo lugar, le he pedido al Señor que su fe en Él sea elevada hasta el punto de la audacia y que comprenda que Dios desea usarnos a cada uno de nosotros para cumplir su voluntad en esta Tierra, incluyéndolo a usted (Hechos 4:29–31).

He escuchado a una mujer que conozco quien dirige un ministerio para huérfanos, citar muchas veces a un importante fraile católico. Ella dice: "Siempre comparta el evangelio, pero use palabras solamente cuando sea necesario". Ella comprende que la mejor herramienta evangelística disponible es vivir una vida victoriosa, una vida que rebose con el amor y el poder de Dios, a pesar de las circunstancias.

Si nos ponemos a disposición de Dios y nos mantenemos al compás de su voluntad, Él no solamente guiará y bendecirá nuestra vida, sino que también nos utilizará para que seamos sus manos y sus pies en la Tierra. No solamente tendremos una vida de victoria, ¡sino también salvaremos, sanaremos y liberaremos a otras personas! ¡Aleluya!

Permítame dar un ejemplo.

Al principio del ministerio, me invitaron a compartir mi testimonio en un campamento de verano para jóvenes de preparatoria. Fue un campamento de una semana y yo hablé el último día del campamento en la mañana. Durante la última semana estos jóvenes habían estado nadando, remando, caminando, además de haber permanecido hasta tarde alrededor de la fogata. No necesito decir que estaban muy cansados en la mañana del último día.

Había ochenta muchachos de preparatoria, diez consejeros universitarios y tres pastores en el lugar esa mañana. Comencé a dar mi testimonio y varias cabezas se agacharon en las mesas, y algunas personas se durmieron instantáneamente. Permítame detenerme aquí para decir que eso casi nunca me sucede. Ministro en promedio a más de diez mil personas al año en persona y, aunque alguna que otra vez veo a alguien que se queda dormido, eso es extraño, debido al increíble testimonio que el Señor ha obrado en mi vida. Las historias como que mi coche fuera partido en dos por un camión que le cayó encima, ver ángeles gigantes y los relatos de lo que vieron personas resucitadas cuando estaban muertas, llaman la atención de la gente.

En los primeros diez minutos de la charla ya había por lo menos diez personas dormidas. Comencé a quejarme con Dios en mis pensamientos mientras continuaba hablando. Después de algunos minutos más, el Espíritu Santo me dijo que dejara de hablar, así que lo hice. En cuestión de un minuto o dos, algunos de los que estaban dormidos comenzaron a despertar, porque había desaparecido el ruido de fondo. El puro silencio captó su atención.

Le pregunté al Señor qué es lo que deseaba que hiciera en ese momento. Él me dijo: "Quítate la camiseta y comienza a caminar alrededor mostrándoles tus heridas, pero no digas nada". Mientras lo hacía, muchas personas que vieron mis heridas de cerca comenzaron a sostener el aliento y a producir gruñidos lo suficientemente fuertes para despertar a quienes continuaban dormidos.

Parado ahí, en medio del silencio incómodo, le pregunté al Señor qué deseaba que hiciera después; el Espíritu Santo me dijo que les planteara esta pregunta: "¿Quién desea ver a Jesús llevar a cabo un milagro ahora mismo?". Odio admitirlo, pero no obedecí tan fácilmente esta orden como obedecí a las dos anteriores. La razón es que este campamento estaba dirigido por una denominación cristiana que a menudo enseña que Dios ya no hace milagros en la actualidad, de la misma manera que solía hacerlo. Yo sabía que incluso el que me hicieran compartir mi testimonio era algo fuera de lo ordinario para ellos, y que probablemente sería algo exagerado para la mayoría de las personas que se encontraban ahí.

Una vez más, el Señor me dijo que les planteara la pregunta: "¿Quién desea ver a Jesús llevar a cabo un milagro ahora mismo?". De manera que lo dije en voz no muy alta en el micrófono, ante lo cual el Espíritu Santo me ordenó que lo dijera una vez más, solamente un poco más fuerte esta vez. Para asombro de todos los que se encontraban ahí, incluyéndome a mí, lo dije de nuevo, ahora casi gritando: "¿Quién desea ver a Jesús llevar a cabo un milagro ahora mismo?". Vi que muchos se miraron mutuamente con desconcierto y sorpresa ante lo que yo acababa de hacer y decir.

Como se lo puede imaginar, ya no había nadie dormido. Parado ahí en medio del completo silencio miré como cada uno de los presentes levantó lentamente la mano, con excepción de tres pastores que estaban en la hilera trasera. Todos los ojos estaban puestos en mí, se podía escuchar caer un alfiler en el silencio ensordecedor.

Le pedí al Espíritu Santo, dependiendo completamente de Él en ese momento, que hiciera algo rápido. Inmediatamente comenzó a darme palabras de conocimiento acerca de algunos problemas que tenían los presentes. Al mencionar cada enfermedad específica en cuestión, pedí que las personas que la padecían pasaran al frente inmediatamente. Así que ya había varias personas al frente del salón.

La primera persona formada era una chica que llamaré "Suzy, la porrista". Probablemente sepa a qué tipo de persona me refiero. Era la mañana del séptimo día del campamento de verano y, sin embargo, su cabello, sus uñas y su ropa estaban perfectos. Ella era una chica muy linda y evidentemente era popular y todos deseaban ser sus amigos.

Ella sentía dolor en los dedos del pie, y cuando me agaché y miré sus pies pude ver que estaban ligeramente encorvados, debido a algún tipo de afección médica. Oré por sus pies y sus dedos inmediatamente comenzaron a enderezarse, y el dolor se fue. Cuando esto sucedió, ella comenzó a sollozar y a clamar a Dios en voz alta, lo cual asombró al resto del grupo, ya que aparentemente esto nunca sucedía en sus iglesias. Para ellos era impensable que "Suzy" hiciera un alboroto o que perdiera la compostura.

Casi todas las personas que se encontraban en ese lugar se levantaron y varias personas comenzaron a reunirse al frente, alrededor de aquellos que habían sido llamados para recibir oración.

La siguiente persona era una chica que tenía un dolor constante en su rodilla. Ya le habían practicado una cirugía y los médicos le habían puesto algunos tornillos para sostenerlo todo. Además del dolor "normal" que sentía en la rodilla, cuando se agachaba o se daba un golpe, la rodilla le dolía demasiado y aparecían círculos rojos perfectos donde se encontraban los tornillos, debajo de la piel.

Coloqué mis manos sobre su rodilla y oré por ella en el nombre de Jesús. Ella se emocionó y dijo que el dolor había desaparecido inmediatamente. Le pedí que doblara su rodilla y viera cómo se sentía ahora. Ella se agachó con cautela y comenzó a mecerla hacia delante y hacia atrás, intentando llegar a los puntos donde se encontraban los tornillos, pero no pudo lograr hacer que le volviera a doler.

Para mi sorpresa, ella comenzó a levantar su rodilla del suelo y la golpeó con mucha fuerza. Después de hacerlo dos veces, la detuve y le pedí que mirara su rodilla. Esta vez ya no habían círculos rojos, se habían ido por completo, así como su dolor. Esta chica también comenzó a llorar y a agradecerle a Dios en voz alta, tal como la chica anterior. Ahora todo el grupo estaba concentrado en la parte frontal del salón y la atmósfera se sentía explosiva mientras algunas personas comenzaron a aplaudir y a reír con gozo, y otros comenzaron a sollozar ante la poderosa presencia de Dios que se sentía en ese lugar.

Decir que yo me encontraba muy emocionado en ese momento es decir lo menos. De hecho, me volví loco cuando comencé a brincar y a gritar, corriendo de un lado hacia otro. Me era claro que cada persona que había sido llamada, sería gloriosamente sanada y que Dios estaba haciendo una tremenda declaración. Lamentablemente, yo no sabía bien qué declaración era. De alguna manera me sentí reivindicado y petulante de que nadie estuviera dormido en ese momento. Aunque sabía completamente que Dios era quien estaba llevando a cabo la sanidad, el orgullo había penetrado en mí, debido a que Él me estaba utilizando como la vasija para derramarlo.

Continué para orar por la siguiente persona, sabiendo que iba a ser sanada a pesar de todo. Lo llamaré "Pete". Pete dijo que siempre sentía dolor en sus pies, pero no dijo por qué. Me arrodillé frente a él y estaba a punto de comenzar a orar, cuando escuché que el Espíritu Santo me dijo: "Levántate, no ores por él". Por el tono de su voz, pude saber que se acercaba algún tipo de reprimenda.

No era la primera vez que veía al Espíritu Santo hacer esto mientras me encontraba ministrando. Esto ha sucedido otras veces y el Espíritu Santo me da una palabra de conocimiento acerca de algo de la vida de la persona con lo que esta tiene que lidiar o corregir antes de que yo pueda orar por su necesidad original. En ese punto me inclino y susurro al oído de la persona la situación o la aparto para tener un poco de privacidad.

Permanecí un paso atrás esperando el mensaje, previendo que el Señor corregiría a este hombre por alguna razón. Para mi sorpresa, cuando el Espíritu Santo habló, no era una palabra de corrección para el hombre. ¡Era una palabra de corrección para mí!

Él simplemente me dijo: "Este no es el programa de Bruce. Este es mi programa y no orarás por ninguna otra persona que esté aquí. Yo continuaré haciendo milagros, pero no a través de ti. Elige a otras personas del público para que oren".

Sentí repugnancia cuando me di cuenta de cuan fácilmente había sido absorbido por el orgullo, después de sentirme tontamente insultado por las personas que se habían dormido.

Le dije a la multitud que el Señor iba a sanar a todos lo que habían sido llamados a recibir oración, y entonces les pedí a los voluntarios que continuaran orando. Al principio, nadie deseaba hacerlo, pero comencé a explicar que la presión no está sobre nosotros, sino sobre Dios. Les dije que nadie de nosotros tiene la habilidad de sanar a nadie por sí mismo y en sí mismo. Entonces comencé a enseñar cosas básicas acerca de cómo orar por la gente antes de solicitar voluntarios de nuevo. Expliqué que ellos podían y debían orar por su familia y amigos, y esperar que Dios escuchara y respondiera lo que fuera, no por causa de ellos, sino por causa de su fidelidad. Nuestro Dios soberano nos dice que oremos por otros; por lo tanto, los resultados están fuera de nuestro control. Nosotros no tenemos ningún tipo de presión, más que creer con la fe de una semilla de mostaza.

Cuando pregunté quién oraría por Pete y sus pies, un adolescente alto que estaba cerca del frente levantó su mano, y yo le pedí que pasara al frente. Lo entrené rápidamente de nuevo acerca de cómo yo oraría y lo solté.

Después de que oró, le pedí a Pete que examinara sus pies. Él se levantó y caminó un poco, y dijo discretamente que el dolor había desaparecido. Varios meses después, Pete se puso en contacto conmigo y me contó el resto de la historia. Él había nacido con pies planos. No tenía arcos en sus pies y debido a ello, le dolían cuando caminaba. Cuando su padre fue a recogerlo al campamento más tarde, uno de los pastores mencionó con cautela que Pete sintió que el Señor había sanado sus pies esa mañana en nuestra reunión. El padre respondió: "Eso es fácil de averiguar: o se le formaron los arcos o no". Le pidió a su hijo que se quitara los zapatos y las medias. Para sorpresa del pastor y del padre de Pete, tenía arcos perfectos.

La historia de Pete no termina ahí. A su madre le habían

operado una pierna el año anterior, y nunca había terminado de curarse, causándole un gran dolor. Una vez que Pete llegó a casa, siguió pensando en cómo lo había sanado el Señor y en cómo los había alentado a que no tuvieran miedo de orar por sus familiares. Después de luchar con la idea un rato, decidió intentarlo, y le impuso manos a su mamá y oró por su pierna. El Señor sanó a su madre instantáneamente. Esto generó un impacto tal en la vida de Pete que decidió dedicarse al ministerio a tiempo completo después de graduarse.

Ese día en el campamento vimos que el Señor llevó a cabo muchas sanidades y milagros increíbles—tanto los que ya mencioné como muchos otros—. Después de que toda la gente que había sido llamada a recibir oración fue sanada, muchas personas también se acercaron para recibir oración y ser sanadas, entre ellas una chica que había dañado sus intestinos severamente, debido a un trastorno alimenticio. No pude terminar de narrar todo mi testimonio, pero obviamente eso no era lo que Dios tenía planeado ese día. Resultó, hasta donde sé, que cada una de las personas que recibieron oración terminaron siendo sanadas, con excepción de dos personas, uno de los pastores y su hijo, quienes pidieron que yo orara por ellos personalmente al final del servicio.

Cuando viajo a través de todo el país ministrando, a menudo digo que predico acerca de mis propias limitaciones y caídas, para que nunca se me termine el material. Esa afirmación siempre hacer reír al grupo, pero es la verdad; y esta historia lo comprueba. Gracias a Dios por su gracia y su misericordia.

Me sentí guiado a comenzar el libro con este testimonio por varias razones.

1. Comprueba que Dios puede utilizar a personas imperfectas para cumplir su voluntad, a pesar de nuestros errores e insuficiencias.

2. Muestra que si estamos conectados con el Señor y somos obedientes a Él, Él nos dará todas las herramientas necesarias para obtener victoria en la vida,

a pesar de las circunstancias. Nuestras pruebas pueden convertirse en una oportunidad para que la luz de Dios brille cuando lo invitamos a obrar en la situación.

3. Demuestra que Dios desea utilizarnos para ser sus manos y sus pies. Cuando nos ponemos a su disposición, Él no solamente bendecirá nuestros esfuerzos, sino también los multiplicará, causando un efecto dominó que continuará creciendo más allá de lo que podemos imaginar.

¡Qué el Señor cimiente estas verdades en su corazón y en su mente al leer este libro, de manera que pueda tener una vida de victoria y ver que otras personas sean salvas, sanadas y liberadas también!

Parte uno

Los cinco milagros principales
que han moldeado mi vida

Los cinco milagros principales
que han moldeado mi vida

CADA UNO DE nosotros enfrentaremos situaciones, "gigantes" por así decirlo, de adversidad en nuestra vida. Algunos gigantes son más grandes que otros. Pero sin importar el tamaño o la fuente, ellos vienen tarde o temprano.

Cuando surjan los problemas inevitables de esta vida, Dios desea que podamos pasar del otro lado de los problemas con mayor madurez y más completos que antes. Muchas personas están de acuerdo en que cuando las miramos en retrospectiva, las batallas más grandes de nuestra vida son en realidad momentos decisivos que cambian quienes somos para siempre.

Nosotros elegimos si el problema nos amargará o nos hará mejores, y nuestra actitud lo determinará. Si le damos la oportunidad, a Dios le encanta transformar las situaciones desesperadas en oportunidades para cumplir su voluntad en nuestra vida.

Para ser honestos, las cosas no siempre resultan como deseamos o esperamos. Pero cuando le entregamos al Señor una situación, nosotros podemos confiar en Él. Podemos creer que Él no solamente nos dará las armas que necesitamos para pelear, sino que también hará que resulten para bien a largo plazo. *¡A Dios le encanta transformar el desastre en algo milagroso cuando lo invitamos a una situación!*

Los cinco capítulos siguientes comienzan examinando algunos de los milagros asombrosos que han moldeado mi vida. Todos estos milagros surgieron en medio del sufrimiento, la pena y el dolor, produciendo algo bueno de lo malo—por ejemplo, ser abrazado por Jesús a la edad de cinco años, después de que fui agredido sexualmente; que Dios me llamara por mi nombre en un servicio de la iglesia a causa de la adicción a las drogas; haber sido rescatado de la muerte por dos ángeles que el Señor envió para salvar mi vida; que el Espíritu Santo entrara en mi habitación como un viento recio, calmando mi temor sobrecogedor; y que Jesús se me apareciera comisionándome, mientras me encontraba en medio del desánimo. Cada uno de estos encuentros milagrosos me mostró la sabiduría y la revelación que le compartiré, todo dentro del contexto de la Escritura.

En la Biblia vemos una y otra vez que el Señor hacía esto mismo: tomaba una situación aparentemente desesperada y la transformaba en un testimonio de su amor, su poder y su fidelidad. Uno de los ejemplos más destacados es el relato de David y Goliat, por lo que través de este libro veremos cómo es que este testimonio nos da la sabiduría y la esperanza divinas para nuestra vida en la actualidad.

Antes de que David fuera el gran rey poderoso de Israel, era un pastor y era considerado el redrojo de su familia. Después de haber sido ungido por el profeta Samuel, él no podía entrar en el destino que Dios le había dado hasta que enfrentara a algunos "gigantes". Sus primeras batallas fueron con animales salvajes y lo que aprendió de esos encuentros le ayudó a darle la fe en Dios que necesitaba para vencer a un enemigo mayor, más malo, más fuerte y más inteligente. Nosotros también tenemos un destino ordenado por Dios y, tal como David, tendremos que pasar por diferentes batallas en esta vida antes de que podamos ser quienes Dios nos ha llamado a ser.

En el pasado he escuchado decir que tenemos que pasar por una "prueba" para obtener un "testimonio". Nuestra madurez espiritual no sucede a pesar de nuestras dificultades, sino, frecuentemente, por causa de ellas. En caso de que haya pasado por alto esta verdad fundamental, permítame repetirla. Nuestra madurez espiritual no sucede a pesar de nuestras dificultades, sino, frecuentemente, por causa de ellas. Por favor, no me malentienda, no soy un sádico que piensa que debemos procurar los problemas, pero creo que no podemos ignorar lo que nos dice la Biblia. Santiago 1:2–4 dice: "Hermanos míos, considérense muy dichosos cuando tengan que enfrentarse con diversas pruebas, pues ya saben que la prueba de su fe produce constancia. Y la constancia debe llevar a feliz término la obra, para que sean perfectos e íntegros, sin que les falte nada".

Cuando mantenemos la actitud correcta y continuamos siendo obedientes a Dios a pesar de una situación o dificultad aparentemente desesperada, esto edificará la valentía, la autoridad y el carácter en nosotros que nos ayudarán a convertirnos en los campeones que debemos ser. ¡Esa es la razón por la que Santiago pudo decir: "Considérense muy dichosos", porque sabía que el resultado sería mucho mayor que la prueba!

Mi esperanza y mi oración es que después de leer los siguientes cinco capítulos, usted pueda darse cuenta de las veces y las maneras en que el Señor ha obrado para traer algo bueno de lo malo en su propia vida y en la vida de otros, y de que usted es una mejor persona ahora debido a ello. Si no puede ver que ningún bien ha surgido de alguna prueba con la que se haya encontrado, mi oración es que le pida a Dios que le muestre qué fue en caso de haberlo perdido de vista. Usted también puede orar y pedirle que intervenga en la situación; después, espere y vea lo que Él hará, ya que nunca es demasiado tarde.

Romanos 8:28 dice: "Ahora bien, sabemos que Dios dispone todas las cosas para el bien de quienes lo aman, los que han sido llamados de acuerdo con su propósito". Él es fiel y sus promesas son verdaderas. Creer en la Palabra de Dios por sobre nuestras circunstancias no siempre es fácil, pero cuando lo hacemos, vemos que lo que Él nos promete, se cumple.

Capítulo 1

Abrazado por Jesús

YO CRECÍ EN un hogar en el que no se asistía con regularidad a la iglesia. Aunque mis padres creían en Dios, yo no provenía de un hogar "religioso" o "de la iglesia" en absoluto. De hecho, a menudo era todo lo contrario. Creo que es importante contar esta historia a modo de introducción, de manera que comprenda que este encuentro milagroso no sucedió en un hogar fanáticamente religioso, sino en un hogar herido y con luchas, como muchos hogares de la actualidad.

Mi padre era un conductor de camión de largas distancias. Mi madre también trabajaba fuera de casa, lo cual significaba que algunas veces, yo debía quedarme con otro familiar. Algunas veces me cuidaban en la noche. Fue durante estas veces que comenzaron a sucederme cosas malas, a los cinco años de edad aproximadamente.

A estas personas les gustaban las fiestas como a mis padres, pero también estaban muy involucrados con la pornografía. Recuerdo claramente montones de revistas pornográficas alrededor de la casa, así como de películas pornográficas que proyectaban con un magnetófono de carrete en el muro de la sala de estar.

La madre y el padre de esta familia se emborrachaban y comenzaban a ver estas películas, mientras sus dos hijos y yo nos encontrábamos en la habitación. A veces llevaban a cabo actos sexuales delante de nosotros. Si esto no era lo suficientemente malo, periódicamente nos involucraban a los niños en su perversión.

No estoy seguro con exactitud de cómo es esto posible, pero a menudo los niños que son abusados, también son manipulados para que no se lo digan a nadie. Ese fue mi caso. El abuso continuó durante el curso de un año, sin que yo le dijera ni una sola palabra a nadie.

Dios planta su Palabra

Fue durante ese tiempo cuando, por alguna razón, mi abuela y mi abuelo terminaron cuidándome un fin de semana. Mientras yo me estaba quedando en su casa, ellos me llevaron a la iglesia y asistí a la escuela dominical por la primera y única vez que recuerdo de niño. Eso debió haber ocurrido alrededor de 1975.

La iglesia era muy pequeña y antigua, ubicada en una zona rural cerca de donde vivían mis abuelos. Yo recuerdo claramente que cuando era tiempo para ir a la escuela dominical, un hombre con un traje marrón de poliéster de cuello puntiagudo llevó a los niños a una pequeña mesa en el sótano para tomar la clase ahí. Recuerdo sentirme muy nervioso. El hombre debió haberlo notado, porque se sentó junto a mí y no dejó de darme palmadas en la espalda.

A cada uno nos dio una hoja de colorear, para que pudiéramos dibujar con crayones. La imagen era de un hombre que sostenía a los niños en sus brazos. Nos dijo que su nombre era Jesús. Entonces nos leyó la historia de la Biblia en que Jesús bendice y carga a los niños, a pesar de las quejas de sus discípulos (ver Marcos 10:13-16). El maestro de escuela dominical nos dijo que esta historia comprobaba que Jesús amaba a los niños y que si nosotros orábamos a Él, Él nos escucharía y nos respondería.

Recuerdo haberme sentido confundido. Aunque no creía en esta historia, podía ver que el hombre de la ropa "rara" sí la creía. Pasaron meses antes de que pensara de nuevo al respecto.

Las manos de Dios

Un día, algunas personas vinieron a visitarnos a casa y me atraparon mostrando un comportamiento sexual con uno de los niños que nos visitaban. Mi madre quedó paralizada y me preguntó dónde había aprendido tales cosas. Lamentablemente, las amenazas, las mentiras y la manipulación de los adultos que estaban abusando de mí eran suficientemente fuertes para que yo no le dijera la verdad a mi madre. En cambio, le dije que el hijo de la niñera era quien me había mostrado esas cosas. Este chico, quien era tan solo algunos años mayor que yo, estaba siendo abusado como yo en su casa; pero por alguna razón, yo lo culpé a él en lugar de a sus padres.

Mi padre no estaba en casa en ese momento. Mi madre dijo que cuando llegara a casa, yo tendría que decirle lo que me habían atrapado haciendo. Era evidente que mi madre estaba muy molesta. Aunque yo solamente tenía cinco años de edad, sabía en lo profundo que lo que sucedía en la casa de la niñera y lo que acababa de hacer, estaba muy, muy mal.

Finalmente llegó el día en que mi papá debía regresar a casa de su viaje. Después de la comida, mi madre me sentó en su cama y me dijo que en algún momento ella vendría por mí, para que le dijera a mi papá lo que había hecho. Escuché que mi papá entró y escuché a mis padres hablar detrás de la puerta.

Es difícil explicar cuan sucio me sentí mientras me encontraba en su cama esperando el castigo. Creía que todo lo que había sucedido era mi culpa y que yo debía ser una mala persona. Estando ahí en la oscuridad comencé a llorar, mientras la pena y el peso de la situación comenzaron a ser insoportables. Yo deseaba tanto ser consolado y abrazado, pero era claro que eso no iba a suceder.

En medio de este temor y del dolor que sentía por dentro, llegó a mi mente un pensamiento. Recordé lo que dijo el maestro de la escuela dominical meses antes: que si orábamos a Jesús, Él escucharía nuestra oración y nos respondería, por su amor por nosotros.

Decidí que no tenía nada que perder, así que hice una oración muy simple. Dije: "Jesús, si eres real, deseo que vengas y me abraces ahora mismo". Inmediatamente, Alguien me levantó de la cama y me abrazó. En la habitación oscura apareció una luz que parecía ser todo lo que había en ella. Podía sentir físicamente sus brazos abrazándome y un pecho sobre el cual me recosté, pero no podía ver a nadie.

La sensación más increíble de un amor inimaginable me envolvió inmediatamente. Las palabras no pueden describir con precisión lo que sucedió esa noche. Fue como si mi cuerpo hubiera sido sumergido en amor líquido de pies a cabeza. Yo estaba cubierto por esta presencia cálida de amor. Esta sensación fue tan física, y, sin embargo, este "amor líquido" había entrado hasta lo profundo de mi ser.

La pena, el dolor y el pesar que había estado sintiendo, se habían ido por completo. Una perfecta paz reemplazó esos sentimientos y lo único que sentí en mi interior fue el mismo amor intenso que sentía en el exterior. Mis percepciones físicas y emocionales se habían derretido en una bola gigante de amor y terminado en un profundo sueño.

La mañana siguiente, me desperté vestido como el día anterior y aún en la cama de mis padres. Ellos no habían ido por mí para conversar. Ni siquiera habían ido a la cama esa noche.

Recuerdo haber repasado los eventos de la noche anterior en mi cabeza y llegado a una rápida conclusión. ¡Hay algo más en esto de Jesús! Aunque durante los siguientes veinte años no le dije a nadie lo que pasó esa noche, esa experiencia cimentó en mi mente la verdad absoluta de la realidad de Jesús.

Nuevas experiencias

Justo después de que ocurriera este primer encuentro sobrenatural con Dios, comenzaron a suceder algunas cosas extraordinarias. Una noche tuve un sueño muy intenso, un sueño tan vívido del que aun ahora, más de treinta y cinco años después, puedo recordar algunas partes. En este sueño, yo me encontraba caminando de la mano con Jesús en un camino hecho de un material extraño, en un lugar que nunca antes había visto. De cada lado del camino había paredes altas hechas de las piedras más asombrosas que pueda imaginarse. Todas eran de colores diferentes y parecían brillar sin importar cómo las mirara. Jesús nunca habló en el sueño, pero de alguna manera yo sabía que era Él y que estábamos caminando en el cielo.

Recuerdo haberle hablado del sueño a mi madre y asustarla, porque pensó que era una señal de que algo malo me sucedería. Ella sabía que lo que yo había descrito en mi sueño era la manera en que la Biblia describe el cielo. Ella también sabía que no había manera que de que yo lo supiera. El sueño no me asustó en absoluto, porque mientras caminaba con Jesús, experimenté de nuevo mucha paz y gozo.

Comencé a tener sueños proféticos y visiones con regularidad. Algunas veces veía una imagen en mi cabeza o tenía un sueño en la noche acerca de algo que sucedería en la vida real. Más tarde, ese sueño se hacía realidad, con todos los detalles que ni siquiera eran importantes. Recuerdo la primera vez que esto sucedió y cuan asombrado estaba de verlo desarrollarse.

La camioneta de mi padre se había descompuesto en mi sueño y un hombre que yo no había conocido ni visto antes llegó a nuestra casa para ayudarlo a repararla. Días después de mi sueño, la camioneta de mi papá se descompuso y la llevó a nuestra cochera, para poder repararla. Yo me dirigí a la enmohecida cochera y me senté, viendo a mi papá trabajar en la vieja Chevy negra.

Mientras estaba sentado ahí, me di cuenta de que había soñado esa misma escena días antes. Justo en ese momento, el hombre de mi sueño que había ayudado a papá entró en la cochera esa noche y puso su pie en la defensa delantera de la camioneta, antes de hacer un comentario sarcástico, tal como lo había hecho en mi sueño. Resultó ser que este hombre era alguien con quien mi papá había trabajado y decidió ir a ver si podía ayudar.

Además de esos sueños, ahora había comenzado a sentir y algunas veces incluso a "ver" cosas en el plano espiritual. De niño, yo no comprendía por qué sentía o percibía estas cosas, y muy a menudo intentaba ignorarlas. Para ser sincero, algunas veces veía cosas que me aterraban a tal punto que deseaba no tener esos encuentros. Más tarde aprendí que eso se llamaba discernimiento espiritual.

De ser una víctima a la victoria

Ser repetidamente abusado de pequeño y sentir que todo lo que sucedía era mi culpa fue una experiencia miserable para mí. Las cosas que sucedieron o incluso las cosas que eso me provocó hacer, fueron muy lamentables, pero ahora puedo ver cómo Dios pudo transformar esta tragedia en algo glorioso.

Dios utilizó a mis abuelos para llevarme con un maestro de escuela dominical, quien plantó la semilla de la Palabra de Dios en mi corazón, de manera que cuando parecía como si nada pudiera ser peor en mi vida, yo supiera que podía clamar a Él. Cuando lo hice, Él derramó su amor sobre mí en una manera tan magnífica que mi vida fue cambiada para siempre.

No importa lo que me haya sucedido desde entonces o lo qué sucederá en el futuro, ¡yo sé, porque sé, porque sé que Jesús es real y que también su amor lo es! Este es un regalo invaluable en sí mismo, pero Dios no se detuvo allí.

Cuando Él vino a abrazarme aquella noche, ese fue más que un abrazo. Leemos en la Biblia muchos ejemplos en que se les imponían manos a los siervos de Dios para recibir una unción o una impartición de su presencia que siempre terminaba en algún tipo de manifestación de un don espiritual (Números 27:23; Deuteronomio 34:9; Hechos 6:6; 13:3).

Esto explica por qué, después de que me impusieron "manos santas" comencé a tener sueños y visiones proféticos, así como a tener abiertos mis ojos espirituales. Aunque posiblemente de niño no me gustaran algunas de las cosas que los acompañan, ahora que soy mayor puedo ver cuán benéficos son estos dones en el ministerio y en mi caminar personal con el Señor.

La otra cosa importante es que este encuentro me hizo apreciar cuan importante es que nos demos cuenta de lo mucho que nos ama Dios. De hecho, creo que es probablemente la cosa más importante que necesitamos saber para tener una relación sana con Dios. Primera de Juan 4:19 dice: "Nosotros amamos a Dios porque él nos amó primero".

Si no creemos o captamos cuánto nos ama Dios, ¿cómo podemos siquiera comenzar a confiar en Él o desear tener una relación cercana con Él? Es por ello que esta es una verdad fundamental que necesita ser incrustada profundamente en el corazón de cada creyente.

La realidad del amor de Dios

He visto a personas tan heridas por la vida que no importa cuántas veces les hablen del amor de Dios, simplemente no pueden aceptarlo. Por estas personas oro que Dios les haga conocer su amor sobrenaturalmente, como solamente Él puede hacerlo. He visto a gente tan desesperada por un toque de Dios que después de escuchar mi testimonio de haber sido abrazado por Jesús de niño claman a Él con una profunda desesperación y reciben su propia experiencia sobrenatural.

Una mujer relató que su esposo era ateo y estaba muriendo de cáncer, de manera que le compró mi libro, *Salvado por ángeles*, para que lo leyera. Cuando él leyó que Jesús me abrazó en la infancia, clamó a Dios con todo su corazón, diciendo: "Si eres real, entonces necesito que me toques ahora". Entonces, algo que parecía un relámpago de luz entró en la habitación. Ella se encontraba en otra habitación de la casa, sin saber lo que él acababa de orar, pero vio el rayo de luz intensa y corrió hacia la habitación donde él se encontraba para ver lo que había sucedido. Él estaba llorando, le dijo lo que acababa de orar y lo que había experimentado en su corazón cuando el rayo de luz—amor y poder—lo golpeó. No necesito decir que él aceptó a Jesús como su Señor y Salvador aquel día.

El Señor me ha dado muchos sueños y visiones que corresponden con su gran amor por nosotros. Podría relatar varias historias como esta que lo comprueben una y otra vez.

Ha habido muchas veces en que mientras oro por la gente y les ministro, el Señor me ha llevado a orar por que la persona, o incluso toda la iglesia, sea sumergida en su amor líquido, tal como yo lo experimenté esa noche, hace mucho tiempo. Todos necesitamos sentirnos amados por los demás, y saber que Dios nos ama es mucho más importante que eso.

Varias veces hemos visto personas que no pueden ser sanadas o liberadas. El Espíritu Santo termina dándonos una palabra de conocimiento, diciendo que la persona no cree que Dios pueda amarla. Después de hablar y orar por ese problema hasta que la persona pueda creerlo, muy a menudo vemos una respuesta inmediata a su oración original.

Una noche, ya tarde en una iglesia, después de dar mi testimonio y de orar por la gente durante horas, una pequeña se nos acercó al pastor de la iglesia y a mí, mientras hablábamos de lo que había sucedido esa noche. Ella era una valiente pelirroja de seis o siete años de edad, quien había nacido con problemas en los intestinos que le causaban dolor y problemas de digestión a diario. Ella me señaló y dijo que me había escuchado decir "más de una vez" esa noche que cuando oramos a Jesús, Él nos escucha y nos responde. Ella me recordó, entonces, que yo había orado tres veces esa noche por que el dolor estomacal desapareciera, pero ella continuaba sintiéndolo. Con el ceño fruncido, se me quedó mirando en un silencio incómodo; el pastor se levantó y se fue, dejándome solo para lidiar con el peliagudo problema que aparentemente yo había creado.

Le pregunté si podía orar por ella una vez más y, después de hacer una mirada de impaciencia, aceptó a regañadientes. Cuando me arrodillé frente a ella, le pregunté a Dios en silencio qué deseaba que hiciera o dijera. Inmediatamente sentí su gran amor por ella y su dolor por la situación, al punto que comencé a llorar sin parar. El Espíritu Santo entonces, me dijo que ella podía confiar en Dios, porque Él la amaba, así que lo hice. Después de terminar, Él me dijo que lo dijera de nuevo. Una y otra vez se repitió el ciclo, hasta que el poder de Dios la golpeó inesperadamente y ella cayó al suelo, aparentemente inconsciente.

Yo continué orando y le pedí al Señor que me ayudara a comprender la situación. Él me recordó que esta niña había crecido en un hogar cristiano y que había escuchado que su madre y su padre habían orado muchas veces ya por su estómago, pero el dolor nunca se había ido y ella nunca había sido sanada.

En algún lugar de su mente ella había concluido que Dios no la amaba tanto en realidad y que no podía confiar completamente en que actuara cuando lo necesitaba. Ahora, Él estaba haciendo la obra en su corazón para quitar aquellas dudas y reemplazarlas con su amor, mientras ella se encontraba en el suelo al frente de la iglesia.

Su madre comenzó a sentirse nerviosa después de un rato y comenzó a intentar despertarla, pero uno de los ancianos de la iglesia la animó a dejar que Dios continuara llevando a cabo lo que estaba haciendo. A los diez minutos, la niña despertó y preguntó qué había sucedido. Estas personas no asistían a esa iglesia y estoy seguro de que la niña nunca había sido derribada por el Espíritu antes de esa noche.

Más tarde supe que aunque su dolor estomacal mejoró bastante, todavía no desaparece. Esa es en realidad una de las razones principales por las que sentí que debía compartir esta historia en particular. Yo podría relatarle muchas, muchas historias que muestran que después de que la persona acepta y recibe el inmenso amor que Dios tiene para ellos, han sido completamente sanados de su problema físico o emocional; pero estoy intentando explicar algo más aquí. Después de que Jesús me sanó esa noche y caí bajo el poder y el amor, eso no cambió el hecho de que habían abusado de mí. Yo todavía tuve que lidiar con las repercusiones durante varios años. Lo que sí cambió, sin embargo, fue mucho más importante. Eso me mostró que Dios era real y que Él sí nos ama a pesar de lo que suceda o de cómo nos sintamos. Esta pequeña pelirroja aprendió, como yo, que podemos confiar en que Él siempre estará ahí para nosotros, sin importar lo que suceda.

Algo bueno de lo malo

Jesús dijo que el diablo no viene más que a robar, matar y destruir, pero que Él vino para que tengamos vida, y la tengamos en abundancia (Juan 10:10). Estos testimonios muestran cómo funciona esto en la vida diaria. Una de las luchas que tendremos en esta vida es con otros seres humanos. La obra del enemigo provocó que personas malas abusaran de mí, pero Dios utilizó una promesa de su Palabra para transformar completamente la situación, de manera que al final resultara algo increíblemente bueno de ello; no solamente para mí, sino también para los demás, cuando escuchan lo que sucedió y piensan en lo que eso significa para su propia vida; tal como el exateo que fue golpeado por un rayo de luz de Dios cuando clamó a Dios; y como la pequeña niña que aprendió que podía confiar en Dios sin importar cómo se sentía su estómago.

Dios traerá algo bueno de lo malo, cuando lo invitemos a participar en una situación. Lo bueno crecerá entonces y se multiplicará conforme lo compartamos con otros.

Solamente Él puede hacerlo y Él desea llevarlo a cabo no solamente en mi vida, sino en su vida también. No hay situación tan mala, tan descontrolada o tan antigua como para que Dios no entre y cambie las cosas cuando clamamos a Él. Jesús fue enviado para esto. Primera de Juan 3:8 dice: "El Hijo de Dios fue enviado precisamente para destruir las obras del diablo".

Capítulo 2

Cuando Dios me llamó por mi nombre

Yo NUNCA OLVIDÉ que Dios nos escucha cuando clamamos a Jesús, después de que Él me abrazara de niño. Lamentablemente, en ese momento no me di cuenta de que esto es verdad en nuestra vida diaria y que Él deseaba una relación constante conmigo; de manera que relegué la oración a Él únicamente para los momentos de crisis.

Para mí se convirtió en un Dios de "emergencias 911", a quien yo creía que solamente se le podía llamar cuando sucediera algo malo (tristemente, existen muchos "cristianos" alrededor del mundo en la actualidad que han caído en esta misma trampa). Debido a esto, desde que fui abrazado por Jesús hasta que llegué a la escuela superior, solamente había orado a Él genuina o sinceramente unas cuantas veces.

Cada vez que oraba, Él siempre me respondía, probando así su fidelidad. Por ejemplo, cuando tenía alrededor de catorce años, uno de mis hermanos menores se enfermó de cáncer y no se esperaba que viviera mucho tiempo. Un día, en lugar de ir al hospital a visitarlo, permanecí en casa y oré con todo mi corazón durante un par de horas, para que el Señor lo sanara. En cuestión de uno o dos días de orar, todo comenzó a cambiar y mi hermano terminó recuperándose por completo. Yo sabía que eso era el resultado de la intervención de Dios.

Debido al abuso y a otras cosas que sucedieron en mi infancia, yo cargaba con mucho dolor en mi interior, al igual que muchas personas. Para poder lidiar con este dolor comencé a fumar hierba cuando entré a la escuela superior. Me hice instantáneamente adicto, debido a que era una manera de escapar a la realidad y de nublar los malos sentimientos que tenía en mi corazón.

Comienza la adicción

Antes de que pasara mucho tiempo, yo estaba fumando hierba desde que me despertaba en la mañana, hasta que iba a dormir en la noche. Para poder costear mi hábito y para asegurar que siempre tuviera provisión, también comencé a venderla. Esto me abrió la puerta a comenzar a experimentar con muchos otros tipos de drogas y me involucré con muchas personas heridas que también estaban dirigiéndose en la dirección errónea de la vida.

En ese tiempo, me atraía una chica con la que iba a la escuela, quien era muy diferente de mí. Comenzamos a salir y, por primera vez en mi vida, sentí que otra persona me amaba de verdad. Ella provenía de una familia cristiana muy estable y amorosa que era casi como un sueño para mí. No me era suficiente con ir a su casa o salir con su familia, así que trataba de sumergirme en lo que ellos tenían.

A pesar de esto, mi adicción a las drogas continuaba creciendo. Regularmente consumía otras drogas y algunas veces bebía alcohol, además de mi consumo diario de marihuana.

Terminé pidiéndole a esta chica que se casara conmigo poco después de que salimos de la escuela superior. Ella aceptó, pero las cosas se deshicieron rápidamente. Un fin de semana, al poco tiempo de comprometernos, viajé durante varias horas para ir a verla a la universidad y me enteré de que sus padres no estaban para nada felices con el compromiso.

Ellos le dijeron que si planeaba casarse conmigo dejarían de pagarle la universidad y que no podrían apoyarla a ella ni a su matrimonio de ninguna manera. Ellos estaban tan en contra del matrimonio que sonaba como si fueran a desheredarla si decidía casarse conmigo.

Ella me dijo que todo se reducía a mi abuso de drogas. Sus padres habían descubierto que yo consumía drogas, además de venderlas y no deseaban que su hija se mezclara con tales cosas.

Me dijo que si yo decidía dejarlas y cambiar por completo mi estilo de vida, posiblemente sus padres cederían.

Instantáneamente me sentí rechazado. Le dije que si ella o sus padres no podían aceptarme como era, entonces no debíamos casarnos. En ese tiempo, yo era demasiado egoísta y estaba tan involucrado en las drogas como para razonar la situación o el punto de vista de los demás. En mi mente, el consumo de drogas no era opcional, era para sobrevivir, una manera de vivir, y yo estaba tan atado que no podía vivir sin ellas. Yo creía que si ella no me podía aceptar como yo era, se debía a que no me amaba en realidad.

Ella y yo peleamos toda la tarde. Yo había planeado pasar la noche en ese lugar, pero estaba cansado de discutir y comencé a caminar hacia el estacionamiento para poder irme. Ella me rogó que me quedará, pero yo no deseaba pelear. Me sentí traicionado por ella y su familia. Mi forma de pensar era equivocada, pero aun así me dolía mucho. Yo tenía hierba fuerte en mi coche y todo lo que podía pensar era en consumir un poco para sacar todo ese desastre de mi mente. La sensación de estar cómodamente adormilado, me estaba llamado y yo estaba listo.

Dios hace el llamado

Mientras nos encontrábamos junto al coche, mi novia me dijo que me haría una oferta. Si asistía a la iglesia con ella en la mañana, ella dejaría la conversación y continuaría como si nada hubiera pasado. Después de la iglesia podría irme y nos separaríamos, si eso era lo que yo elegía; o si decidía dejar las drogas, podía quedarme y podríamos hacer que funcionaran las cosas.

Yo acepté el trato, pensando que después de la iglesia, me marcharía y nuestra relación terminaría, creyendo completamente que no habría sido mi decisión, sino la suya.

A la mañana siguiente, mientras caminábamos hacia la iglesia con un silencio incómodo, algo extraño sucedió. Nos encontrábamos en la acera a unos metros de la iglesia, cuando comencé a sentir una fuerte presencia del Señor. Inmediatamente reconocí que era Él, debido a los anteriores encuentros que había experimentado, pero esta vez algo era diferente.

Sentí su amor como lo había sentido en el pasado, pero también sentí una fuerte sensación de convicción esta vez. Entre más nos acercábamos a la iglesia, más aumentaba la sensación sobrecogedora de su divina presencia. Sentí como si cada cabello de mi cuerpo se erizara, y finalmente me detuve, porque no podía avanzar.

Parado ahí en la acera, me sentí emocional y espiritualmente desnudo, ante un Dios omnisciente y todopoderoso.

Mi novia me preguntó qué sucedía. Le dije que había cambiado de parecer, que no deseaba asistir a la iglesia con ella y que me marcharía en ese momento. Ella me recordó acerca de nuestro trato y de mi promesa. Comencé a dar la vuelta para marcharme, pero ella tomó mi mano y tiró de mí con toda su fuerza, diciéndome que podría marcharme después de la iglesia.

Ella de alguna manera me convenció que la acompañara. Yo me sentía muy incómodo e incluso dudoso de lo que podría suceder ahí. Puedo recordar exactamente dónde nos sentamos esa mañana. Fue en la penúltima fila de la iglesia, no muy lejos de la salida (yo habría elegido la fila trasera junto a la puerta, pero ya estaba llena).

El servicio comenzó con algunos anuncios. Después entonamos una canción de un pequeño librillo de canciones de alabanza, así como de himnos. No recuerdo qué canción era, pero sí recuerdo que describía la condición de mi corazón y el pecado que estaba tan profundo en mi vida. Fue como si la canción hubiera sido escrita para mí, para ese momento exacto de mi viaje en el camino de la vida. Cuando entoné la canción desde lo profundo de mi corazón, algo sobrenatural comenzó a suceder. La intensa presencia de Dios parecía recorrer todo mi ser. Era claro que yo necesitaba elegir lo correcto o lo incorrecto, el bien o el mal.

La canción terminó y comenzó un himno. Seguí la letra con la vista, pero mi corazón estaba reflexionando en cuan verdadera era la última canción. Fue entonces cuando sucedió. Dios me llamó por mi nombre en esa iglesia, tan fuertemente que pensé que el edificio se colapsaría. No fue como un grito, no obstante, fue tan poderoso y fuerte que la Tierra pareció temblar (más tarde encontré que la Biblia lo describe en Salmos 29:4–5, cuando dice que la voz del Señor es tan poderosa y majestuosa que puede desgajar los cedros).

Cuando sucedió yo brinqué en el aire como un gato asustado y el librillo voló de mis manos. Volteé a mi alrededor y miré a toda la gente de la fila trasera, parecía que la voz venía de detrás de mí. La gente continuaba cantando, solo algunas personas que estaban justo detrás, se habían detenido para mirarme. Pude saber por su mirada que estaban confundidas por mis acciones y que pensaban que yo era una clase de loco extraño.

Aunque pareciera imposible, me di cuenta de que yo había sido el único que había escuchado mi nombre. Más increíble aún es el hecho de que aunque solamente escuché mi nombre, de alguna manera me había dicho más que eso.

He escuchado decir que una imagen puede decir más que mil palabras. Esa es una buena analogía para lo que me sucedió aquel día. Solo una palabra de Dios transmitió instantáneamente mil mensajes a mi corazón.

Cuando pronunció mi nombre, Él me comunicó: "Bruce, te amo. Deseo lo mejor para ti. Ven a mí y yo puedo darte paz. Puedo quitar tu dolor. Tú estás creyendo mentiras, pero yo tengo la verdad. Estás tomando decisiones erróneas y estás yendo en la dirección equivocada. El camino en el que estás lleva al dolor y al peligro. En cambio, sígueme a mí".

De alguna manera sabía que Él había susurrado estos mismos mensajes a mi corazón muchas veces a lo largo de los años. Pero entonces dijo algo que me tomó completamente por sorpresa. Él me estaba llamando al ministerio de tiempo completo. Mi trabajo, mi profesión, era trabajar para Él. Alguien acababa de ofrecerme pagarme la universidad y Él deseaba que yo utilizara esa oportunidad para asistir a la universidad bíblica, en lugar de ir al instituto tecnológico que yo estaba contemplando.

Elecciones equivocadas

Yo podía creer que Dios me amaba y podía comprender que me estaba dirigiendo en la dirección errónea de la vida; pero era demasiado pensar que yo debía estar en el ministerio. ¿Acaso se había olvidado de dónde venía yo o de qué tipo de persona era? Yo sabía que era un pecador que no merecía su amor. También creía que seguramente no era el tipo de persona que debía hablarle a la gente acerca de un Dios santo.

Aquel día me marché de la iglesia tan pronto como pude y casi me atropella un coche. Aunque yo no estaba contento de que la relación con mi novia hubiera terminado oficialmente, sí estaba feliz de que el servicio hubiera terminado. Después de salir a la carretera comencé a fumar la marihuana fuerte que había escondido en mi coche. Después de utilizarla diariamente durante años, mi tolerancia era cada vez mayor, y necesitaba "de la buena" para drogarme.

Continué fumando durante el largo camino a casa, calada tras calada, hasta que me intoxiqué tanto que se me dificultaba mantener los ojos abiertos. Me decía una y otra vez: "Eso no acaba de suceder. Dios no me llamó por mi nombre". Pero sin importar cuánto fumara, yo no podía hacer que el recuerdo se esfumara. Sabía en lo más profundo de mi corazón lo que había sucedido y que era real, pero no deseaba creerlo".

Ese día huí de Dios cuando Él me llamó como a Jonás en la Biblia, y tal como él, yo corrí justo hacia el vientre del gran pez, solo que mi pez no me vomitó a la orilla del mar tres días después como a él (Jonás 1:1–2). Mi demostración de libre albedrío me mantuvo en las entrañas de la adicción, la depresión y la agonía durante dieciséis años más.

La parte más difícil de compartir esta historia es admitir que aunque Dios hizo un milagro al mostrarse y literalmente decirme hacia dónde ir, yo continué dirigiéndome en la dirección equivocada. Elegí no escuchar, y debido a ello, obstruí lo que Él deseaba hacer por mí y conmigo en ese punto de mi vida.

Posiblemente usted se identifique con esto y sepa cómo se

siente arruinarlo, incluso después de que Dios o alguien a quien Él envió intentara guiarlo por la senda correcta. Todos tomaremos elecciones y decisiones de las cuales nos arrepentiremos en algún momento de nuestra vida. Pero gracias al Señor por su perdón, su misericordia y su gracia.

¿Cuántas veces hemos escuchado que alguien dice que si tan solo supiera lo que sabe ahora, habría elegido diferente?

Si yo hubiera sabido ese día que dos años después sufriría de una severa sobredosis de cocaína; que terminaría gastando mucho tiempo, esfuerzo y dinero en las drogas; o que estas terminarían haciéndome miserable, tomar la decisión correcta me habría ayudado mucho. Yo no lo sabía, pero Dios sí, e intentó advertírmelo. Elegí no escuchar y terminé pagando un alto precio durante los años siguientes.

Dios desea lo mejor para nosotros. Él llevará a cabo milagros e intervendrá en nuestra vida, pero continuará dándonos libre albedrío para que tomemos nuestras propias decisiones.

Podemos ver este mismo principio una y otra vez en la Biblia. Cuando Dios partió en dos el mar Rojo, los israelitas tuvieron que entrar en él para ser salvados (Éxodo 14). Cuando Dios hizo que cayeran los muros de Jericó, los israelitas tuvieron que entrar a la ciudad y pelear para conquistarla (Josué 6). Cuando Jesús murió, el velo fue rasgado en el templo terrenal, representando así la remoción de la barrera entre Dios y el hombre (Mateo 27). La muerte de Jesús abrió camino para que la gente tuviera una relación con Dios. Sin embargo, todavía debemos entrar en una relación con Él antes de que podamos ser salvos por la eternidad. Este es probablemente el ejemplo más importante de todos.

El carácter redentor de Dios

Nuestro Dios es un Dios de misericordia y de gracia, y Él tiene una manera de redimir los años perdidos de nuestra vida.

Aunque yo había huido de lo que Él deseaba hacer ese día, nunca pude huir de su presencia o del llamado que Él tenía para mi vida. Sus propósitos perduran a lo largo de los años, así que, con el tiempo, Él continuó acercándome cada vez más a Él, e incluso comenzó a usarme para llevar a cabo su voluntad en la vida de la gente, a pesar de las adicciones con las que yo lidiaba.

Una noche, a los veintitrés años de edad, oré para que el Señor me enviara al alma gemela y compañera que me amaría aunque yo estuviera adicto a las drogas y me sintiera como un completo perdedor. Al siguiente día, el Señor me señaló a Lori entre una multitud, haciendo literalmente que brillara. Comenzamos a salir y en cuestión de meses, ella terminó recibiendo a Jesús en su corazón, después de que yo le contara que Él me había abrazado cuando yo clamé a Él a los cinco años de edad. Ella fue la primera persona a la que le confesé lo que me había sucedido de pequeño y me asombré del impacto que esto causó en ella.

Terminamos casándonos un año después y, debido al cambio radical que sucedió en su vida después de haber aceptado a Jesús, comenzamos a asistir a la iglesia con regularidad. Durante la siguiente década, Dios utilizó la vida de casados, la paternidad y nuestras visitas regulares a la iglesia, para impactar grandemente la dirección de mi vida.

Una de las últimas cosas que estorbaba, después de muchos años de sanarme por dentro y de llevarme a un lugar donde yo pudiera hacer lo que Él deseaba que hiciera, era la persistente adicción a las drogas y al alcohol.

Yo ya no vendía drogas y llegué al punto en que no tenía que consumirlas durante todo el día. Podía esperar a fumar hasta que llegara casa del trabajo y ya no tenía que cargar algo a dondequiera que fuera. Dejé de consumir todas las drogas, con excepción de la hierba y el uso ocasional del alcohol y la cocaína, pero también era rara la ocasión. Al poco tiempo, yo incluso podía pasar un día de vez en cuando sin fumar. Fue entonces cuando clamé a Dios que me liberara de esa adicción de una vez por todas.

Yo me drogaba y me sentía tan culpable que echaba la hierba por el inodoro y le pedía a Dios que me perdonara. Le prometía que nunca más lo haría, pero regresaba e iba a comprar más provisión días después. Aunque los periodos entre consumo incrementaban, este ciclo desgarrador continuó durante algunos años. Llegué al punto en que sabía que si algún día sería libre de las drogas, Dios tendría que hacerlo sobrenaturalmente.

En ese tiempo, mi pastor me invitó a escuchar a algunas personas que estaban haciendo viajes de misiones de corto plazo en África. Después de escuchar su historia, mi esposa y yo terminamos dándoles una camioneta que teníamos a la venta. Cuando la pareja fue a nuestra casa a recogerla, ellos nos agradecieron efusivamente y preguntaron si teníamos peticiones de oración.

Respondí que yo había estado adicto a las drogas y el alcohol durante más de veinte años y que deseaba que oraran por eso. Aunque yo no conocía a esas personas y ellos no eran de la ciudad, la esposa comenzó a hablarme acerca de mi pasado. Ella me dijo que habían abusado de mí en la infancia e incluso de la edad que tenía cuando eso sucedió, así como de otras cosas. El Señor le estaba dando palabras de conocimiento acerca de mí que nadie sabía y rápidamente me llamó la atención.

Ella terminó diciendo que mis problemas de adicción no tenían un origen físico, como yo suponía, sino que su naturaleza era espiritual y que en realidad me habían acompañado desde que habían abusado de mí en la infancia. Más tarde, ella y su esposo oraron por mi esposa y por mí, y yo fui liberado completamente de las drogas y el alcohol en ese momento.

Aunque había luchado con la adicción mucho más tiempo del necesario e ignoré la oportunidad que Dios me dio de quitar milagrosamente mis adicciones dieciséis años antes aquel día en la iglesia, Él hizo que sucediera e incluso pudo utilizarlo para bien finalmente.

Ahora que los problemas de adicción estaban fuera del camino, el ministerio comenzó a despegar realmente en mi vida. Debido a que viví mucho tiempo con la adicción, podía ministrar con bastante efectividad a quienes estaban atados a adicciones de diferentes tipos. Dios utilizó la larguísima lucha por la que pasé, para ayudar a otros con sus propias batallas. Algunas veces, las pruebas que enfrentamos no terminan fácilmente y necesitamos aprender a perseverar, de manera que podamos madurar y ser plenos como la Biblia dice en Santiago 1:2-4.

Hubo varias veces en que las personas con adicciones no escuchaban o no recibían lo que el pastor o el consejero les hablaba acerca de Dios, pero me escuchaban a mí, porque yo había pasado por eso y podía identificarme con ellos y sus luchas. Dios pudo transformar lo que el enemigo había enviado para destruirme, en un bien para muchas personas.

Comencé a dirigir más estudios bíblicos en la iglesia y en nuestra casa, y vimos a Dios llevar a cabo cosas asombrosas en la vida de la gente. El Señor me abrió las puertas para hablar frente a nuestra congregación algunas veces. Yo me ponía muy nervioso de hablar enfrente, pero la gente comenzó a decirme que debía ser predicador.

Uno de los pastores de nuestra iglesia, Ryan Clark, y yo, nos habíamos hecho buenos amigos. Él se había ido recientemente de nuestra iglesia y había tomado una invitación para pastorear una iglesia de Nueva York. Un día, mientras estaba hablando con él por teléfono, dijo que el Señor le acababa de decir que yo debía ser evangelista. Colgué el teléfono y salí del taller en el que estaba trabajando ese día por mi negocio de reparación de motores diésel, me postré en el suelo y comencé a orar. Le dije al Señor que si deseaba que yo fuera evangelista, Él iba a tener que decírmelo a mí y no al pastor Ryan.

El Señor me dijo inmediatamente que me levantara del suelo y que dejara de orar. Yo tenía que regresar al taller y escribir todas las veces en las que Él ya me lo había dicho, pero que yo no había escuchado. Me dirigí al taller y llené dos páginas de un cuaderno de notas, de las veces y las maneras en que Él me había llamado al ministerio; la primera de ellas había sido la vez en que me llamó por mi nombre en aquella iglesia.

Dios no solo había deseado liberarme de las adicciones aquel día mucho tiempo atrás, sino también me había llamado al ministerio a tiempo completo. Aunque yo no había sido obediente, Él no había cambiado de parecer.

Cuando comencé a dirigirme hacia Dios, el milagro en que me

llamó por mi nombre en la iglesia aquel día mientras cantábamos alabanzas, contenía lo que Él había planeado que hiciera, a pesar de mis fracasos y mis errores.

Dios tiene planes para cada uno de nosotros y eso lo incluye a usted. Jeremías 29:11 dice: "Porque yo sé muy bien los planes que tengo para ustedes—afirma el Señor—, planes de bienestar y no de calamidad, a fin de darles un futuro y una esperanza".

Dios le habló estas palabras a su pueblo después de que cometieran grandes errores y de que sufrieran durante varios años, debido a su obediencia. Si usted se encuentra en un lugar donde ha sufrido durante varios años de una manera u otra, ya sea por su culpa o no, entonces debe saber esto: Dios es un Dios que puede redimirnos a nosotros y nuestros errores, y lo hará, incluso los errores de otros en nuestra vida, cuando dirijamos nuestro corazón a Él.

Capítulo 3

Salvado por los ángeles de Dios

E N JULIO DE 2006 planeamos conducir desde donde vivíamos en Wisconsin hacia Nueva York, para poder visitar al pastor Ryan y a su familia.

Una noche, poco antes de irnos, tuve un sueño el cual yo sabía que era de Dios; aunque durante casi dos años, no supe exactamente lo que significaba.

En el sueño, yo me encontraba formado con otras personas en una fila, que avanzaba por un camino. La fila llegaba a una picop azul y un hombre sin rostro (esto siempre representa al Espíritu Santo en mis sueños) se encontraba en la caja de la picop, entregándole pan a la gente. La caja de la picop estaba llena de platos redondos con todo tipo imaginable de pan. Cada persona que se acercaba elegía el plato que deseaba y el hombre sin rostro se lo entregaba. Después de recibir el plato de pan, la gente entraba en un pabellón grande al aire libre en el que había filas de mesas de madera y se sentaban a comer.

Cuando llegó mi turno, miré todas las opciones, buscando un pan dulce y me di cuenta de que en la picop solamente había un solo plato con ese tipo de pan, de manera que lo elegí felizmente. El pan era de color amarillo miel y estaba glaseado en la parte superior, con espirales de canela y pasas.

Mientras comía mi pan dulce, miré a un hombre alto y barbudo pasar por la fila hacia la picop. Después de mirar todas las opciones, siguió su camino sin elegir un plato. ¡Nadie más lo había hecho! Él comenzó a ir de un lado a otro por las mesas, mirando los platos de las demás personas. Cuando llegó al mío, se detuvo, aparentemente habiendo encontrado lo que estaba buscando.

Sin decir una palabra, se inclinó, tomó una pieza de pan dulce de mi plato y comenzó a comérsela. Yo no le dije nada, pero estaba un poco molesto, debido a que él había tenido la oportunidad de elegir su propio plato de pan y no lo había hecho. Rápidamente, terminé de comer el pedazo que tenía en mi mano y tomé otro pedazo del plato. Él hizo lo mismo. De nuevo, yo me sentí un poco molesto, pero ambos estábamos disfrutando lo bien que sabía el pan; y parecía haber suficiente para ambos. Miré alrededor y me di cuenta de que ahora mucha gente estaba mirando el pan dulce, y temí tener que compartir mi pan dulce también con ellos.

En mi sueño, Dios me habló al corazón y me preguntó si yo había hecho algo para obtener el pan o si había sido un regalo. Respondí que era un regalo. Él dijo: "Debido a que es un regalo, debes estar dispuesto a compartirlo". Desperté e inmediatamente oré por la interpretación del sueño, pero lo único que el Señor me dijo era que se relacionaba con el pastor Ryan.

La mañana siguiente, llamé al pastor Ryan y le hablé del sueño de principio a fin. Le pregunté qué pensaba que era su significado. Él bromeó y dijo que posiblemente me había ido a dormir con hambre o algo por el estilo. Él no tenía idea de lo que podía significar.

La profecía habla

Pocas semanas después, condujimos hacia Nueva York para las vacaciones. Mientras estábamos visitando su nueva iglesia, el pastor Ryan nos presentó a los amigos del ministerio, a miembros de su congregación y a otras personas que había conocido desde que se convirtió en pastor. Para mi sorpresa, ¡entró en el lugar el hombre barbudo de mi sueño del pan dulce! Incluso estaba vestido con la misma ropa que en el sueño.

El hombre se llama Bruce Carlson y trabajaba en la iglesia a tiempo completo como líder de alabanza, maestro y evangelista.

Le hablé acerca del sueño y Ryan confirmó lo que yo le había descrito por teléfono antes de irnos, con todo y la vestimenta. A todos nos sorprendió esto, ya que no parecía haber ninguna razón real por la que el Señor me hubiera dado el sueño en ese momento. Solo el tiempo diría lo que realmente significaba y cuan profético era.

Mientras continuábamos en Nueva York, Ryan me invitó a la reunión de oración de un pastor, a la que él acudía semanalmente. Durante la reunión, Ralph Díaz, un pastor conocido por tener un fuerte don de profecía, dijo que el Señor le había dado algunas palabras para mí. Una de las cosas que dijo fue que yo iba a comenzar un poderoso ministerio y que la gloria del Señor nos rodearía al ministerio y a mí. Él dijo también que yo vería ángeles muy pronto y que mientras nos encontrábamos de vacaciones, yo conocería a alguien que sería muy importante en mi futuro.

Al término de nuestras vacaciones regresamos a casa y a nuestra vida normal una vez más. Anoté en mi diario estos sucesos aparentemente extraños y no pensé mucho en ellos, ya que mi negocio de reparación de diésel me mantenía muy ocupado, trabajando muchas horas.

La pregunta

El Espíritu Santo comenzó a hacerme una pregunta difícil de vez en cuando durante ese verano. Él continuó preguntándome si yo moriría por hacer avanzar el Reino. La pregunta me incomodó bastante, así que cuando la escuchaba, la ignoraba como si no la hubiera escuchado. (Es posible que quienes están casados o tienen hijos hayan visto esta táctica antes).

Esta pregunta estaba tan fuera de la norma que yo ni siquiera deseaba mencionársela a nadie. Finalmente, llamé al pastor Ryan y le dije lo que había estado sucediendo. Su respuesta me cayó por sorpresa. Él dijo que sabía que yo ardía por Dios y que debía decir que sí.

Las palabras del pastor Ryan me hicieron sentirme culpable

por negarme a responderle a Dios cuando Él me había hecho la pregunta. Continué reflexionando al respecto, pero no podía sentir paz ni llegar a una respuesta con la que me sintiera cómodo.

Aunque a algunas personas les suene extraño, uno de mis lugares preferidos para tener una conversación con Dios es la ducha. No hay teléfonos, radios, televisiones, ni computadoras que me distraigan. Mi esposa, mis hijos e incluso el perro, me dejan solo en la ducha. Puedo tener un diálogo con Dios e incluso cantarle alabanzas sin tener que preocuparme por lo que digo o por cómo suena. Tampoco tengo que lidiar con ninguna distracción. Durante años, ese ha sido mi refugio de intimidad para pasar tiempo de calidad con el Señor.

Fue durante una de esas conversaciones en la ducha con Dios que Él me planteó de nuevo la pregunta: "¿Morirías por mí para hacer avanzar el Reino?". Sin embargo, esta vez fue diferente porque el Espíritu Santo me dijo que yo no podría salir de la ducha hasta que respondiera, ya que había tenido todo el verano para pensarlo.

Habíamos construido nuestra casa y, con seis personas en la familia, habíamos instalado un gran calentador de agua, pero parecía que no iba a ser lo suficientemente grande ese día. Yo no deseaba responder a la pregunta, pero el Señor dijo claramente que no podría salir de la ducha sin una respuesta. De manera que mientras pasó el tiempo, yo comencé a apagar el agua fría y a aumentar el agua caliente, hasta que llegué al momento mágico en que el agua fría estaba completamente apagada y el agua caliente ya estaba al tope, pero de todas formas el agua que salía, estaba fría como el hielo.

En ese momento incliné lo más que pude la cebolla de la ducha y la volteé hacia el muro. Me coloqué tan lejos como pude, y ahora solamente me llegaba una brisa de agua fría.

Aunque puedo ser una persona muy necia a veces, pude darme cuenta que era una situación que no le estaba beneficiando a nadie y decidí que si no respondía pronto, mi piel podría quedarse permanentemente arrugada por el agua, tal como estaba en ese momento.

Me arrodillé y comencé a orar con todo mi corazón. Le pregunté al Señor cómo es que mi muerte podría hacer avanzar un poco el Reino; pero para mi sorpresa, el Señor permaneció completamente callado. Habíamos estado teniendo una gran conversación justo antes, mensaje y respuesta; pero ahora Él ya no estaba hablando. En mi corazón, yo sabía la razón. Él no iba a decir nada más hasta que yo respondiera lo que Él me había preguntado. Él estaba esperando que yo hiciera algo con la última instrucción que me había dado.

Antes de narrarle lo siguiente que sucedió, creo que vale la pena mencionar que en la actualidad existen muchos cristianos que dicen no haber escuchado a Dios durante un tiempo. Creo completamente que eso se debe algunas veces a que Él está esperando que hagamos algo con la última palabra que nos dijo. Muy a menudo podemos rastrear el origen de nuestro periodo de sequía en que no escuchamos de Él, a un evento o una situación en los que elegimos ignorarlo. Si eso lo describe a usted, sepa lo siguiente: Dios desea tener una relación con nosotros y cuando corremos de vuelta hacia Él, ¡Él nos está esperando con los brazos abiertos!

Finalmente decidí responder la pregunta y pude decir con completa sinceridad que moriría por hacer avanzar el Reino, con una condición: que Dios le enviaría un esposo a mi esposa que la amara más que yo y que ese hombre también amara a mis hijos más que yo. Sé que no debemos hacer tratos con Dios, pero he visto que la desesperación tiende a provocar tales tendencias en los seres humanos.

Yo amaba tanto a mi familia que en algún lugar de mi mente pensaba que esa sería una petición imposible para Dios: que Él hallara alguien que los amara más que yo; pero Él respondió inmediatamente que era un trato. Cuando me di cuenta de que Él había estado de acuerdo, comencé a llorar amargamente. Ya no me importaba la brisa fría que me tocaba.

Cuando salí de la ducha caminé hacia nuestro guardarropas y miré al interior. La ropa de mi esposa estaba del lado derecho y la mía del lado izquierdo. Mientras permanecía en la entrada, pensé que en algún momento, la ropa de alguien más estaría del lado derecho del guardarropas. Miré la casa que construimos y pensé que otro hombre iba a poder disfrutarla. Volteé, miré nuestra cama y sentí náuseas al pensar que otro hombre se recostaría en ella con mi esposa.

Justo entonces, percibí movimiento en la ventana y vi a mis hijos jugando afuera. Este fue el golpe final que me hizo llorar de nuevo al imaginarme a otro hombre criando a mis hijos y también disfrutando de su compañía.

Esperé algunos días antes de llamar al pastor Ryan y decirle que ya había respondido la pregunta de Dios. Cuando lo hice, él dijo que muy posiblemente era como la historia bíblica de Abraham, cuando Dios le pidió ofrecer a su hijo Isaac. Él creía que era una prueba y que yo la había superado.

Entonces le hablé del trato que había hecho con Dios, de que enviaría mi reemplazo, alguien que amaría a Lori y a mis hijos más que yo. El pastor Ryan era la única persona a quien yo le había mencionado todo el asunto, de manera que le pedí que si me sucedía algo, llamara a Lori y le contara acerca de nuestra conversación, cuando me sucediera. Él se rió y me dijo que algo andaba mal, porque eso no le sonaba como algo de Dios, ya que Dios no plantaría temor en mi corazón.

La advertencia final

El otoño se convirtió en invierno. El jueves 14 de noviembre de 2006 desmonté el camión que terminaría cayendo sobre mí dos días después. Había terminado también otro trabajo pequeño ese día. Era tarde cuando llegué a casa del trabajo esa noche. Lori ya había llevado a la cama a los niños, pero me había servido la cena.

Ella calentó el plato en el horno microondas y lo puso frente a mí cuando me senté a la cabecera. El tipo de trabajo que llevaba a cabo a menudo requería fuerza física y, después de invertir más de doce horas al día, yo estaba listo para sentarme y descansar en silencio mientras comía mi cena.

Mi esposa, por otra parte, deseaba interactuar con un adulto después de haber estado sola con cuatro niños, y comenzó a intentar hablar conmigo, pero yo solo estaba ahí sentado y le respondía mientras ella hablaba.

Tras hablar un poco durante un rato, ella trajo a colación un tema del que no habíamos hablado antes; y aunque no tenía por qué haber sucedido, me tomó completamente por sorpresa. Dijo que necesitábamos cerrar nuestro negocio inmediatamente y ponerlo en venta. Comenzó a agitarse extrañamente y me rogó que no regresara a trabajar al día siguiente. Continuó diciéndome que estábamos llamados a servir en el ministerio a tiempo completo como familia y que estábamos siendo desobedientes al no hacerlo. Su urgencia al respecto me pareció fuera de tono e irrazonable.

En ese momento comenzamos a tener un fuerte desacuerdo. (Para aquellos que no están casados, esa es la palabra clave para "una acalorada discusión").

Le pregunté quién nos pagaría varios miles de dólares en cuentas mensuales si yo dejaba de trabajar. ¿Acaso ella tenía un árbol de dinero escondido en el bosque del que yo no sabía nada? Entonces ella procedió diciéndome que yo era un hipócrita, porque el año anterior ella me había escuchado hablarles a varias personas en estudios bíblicos y grupos de casa que tuvieran fe en Dios, pero que yo no le confiaba a Dios nuestras finanzas.

Yo no sé a usted, pero lo único que realmente me enoja de una discusión es la verdad; de manera que estallé. Golpeé la mesa con el puño tan fuerte como pude y le dije que me dejara solo.

Ella se levantó de la silla y me señaló con su dedo a dos centímetros de la nariz, repitiendo tres veces: "¿Qué se necesitará para que obedezcas a Dios?". Dos días después, descubrí lo que se necesitaba para que yo obedeciera a Dios.

El accidente

El día del accidente comenzó como cualquier otro día laboral para mí. Había salido de casa temprano esa mañana en el frío y había conducido en mi camioneta de servicio que contenía todas mis herramientas y mi equipo, hacia el lugar de la reparación, durante casi una hora. Estaba ahí para arreglar una fuga de refrigerante del motor de un camión marca Peterbilt para la carga de árboles talados. Había diagnosticado el problema y desarmado el motor dos días antes, un martes; ahora era jueves 16 de noviembre.

Las partes de reemplazo que necesitaba para terminar el trabajo habían llegado y pasamos todo el día volviendo a armar el motor dentro de un cálido taller. Me encontraba trabajando con un hombre que era medio tiempo conductor y medio tiempo mecánico de la compañía de tala de árboles, quien me ayudó en todo el trabajo.

Al final del día encendimos el motor para revisar la reparación y asegurarnos de que ya no goteaba refrigerante. El camión no estaba completamente armado, pero los problemas técnicos estaban solucionados y el hombre con el que estaba trabajando podía terminar de armar el camión al día siguiente él mismo.

Mientras esperamos que el motor se calentara, yo comencé a limpiar mis herramientas y las coloqué en mi camioneta. En tan solo unos minutos, yo me encontraría conduciendo a casa; y ya ansiaba terminar para comer la cena. El hombre se colocó detrás de mí y me dio unas palmadas en la espalda. Me preguntó si podía revisar una cosa más antes de irme. Miré el reloj y vi que eran alrededor de las 6:10 p.m.

Dijo que el aceite se había estado filtrando al motor durante mucho tiempo, pero que no podía encontrar de dónde venía la fuga. Le pregunté en dónde se encontraba la filtración. Él señaló la parte frontal del motor, en la parte inferior.

Este camión en particular era convencional o de punta larga, lo cual significa que tenía capó y guardabarros. Al frente del camión se encontraba un parachoques cromado, alto y ancho. Si veía debajo del parachoques hacia la parte trasera el camión, podía distinguirse que la parte más baja era el eje delantero que va entre las dos llantas delanteras. Se llama barra estabilizadora, porque después de ajustarse a las llantas, inmediatamente baja y queda cerca del suelo, de lado a lado, horizontalmente.

Este eje pesa unas cinco o seis toneladas (4,54 o 5,44 toneladas métricas) sin el camión encima. De manera que las diez mil a doce mil libras (4 536 a 5 443 kg) descansan en las dos llantas delanteras. El hombre con quien estaba trabajando, había quitado el riel del asiento del copiloto, para que el montacargas pudiera estar lo suficientemente cerca del motor, de manera que yo levantara el bloque de cilindros y lo colocara de nuevo.

Para mover el riel delantero, él había puesto el gato hidráulico debajo del eje frontal y lo había elevado, hasta que la llanta se separara del suelo y pudiera ser removida. Lamentablemente, no había ningún gato o soporte de ningún tipo en el eje en ese momento, y todo el peso yacía sobre este pequeño gato hidráulico.

Con el fin de encontrar la fuente de la fuga de aceite, yo tuve que colocarme debajo del camión; de manera que me recosté boca arriba en su carro deslizador y comencé a deslizarme debajo de la defensa delantera, de frente. Antes de entrar completamente debajo del camión, me detuve y le pedí que subiera a la cabina para revisar la temperatura del motor. Entonces, continué deslizándome por debajo del camión, hasta que mi cabeza quedó frente al motor encendido y mi estómago justo debajo del eje.

Cuando el hombre se subió a la cabina, el camión se movió ligeramente y yo percibí el movimiento con la vista periférica de mi ojo izquierdo. Giré mi cabeza justo a tiempo para ver que el gato se meneó y se voló de debajo del eje, como un cohete. El eje chocó con el concreto con un tremendo golpe, y al hacerlo, cayó en mi parte media directamente como una guillotina, ¡aplastando la mitad de mi cuerpo!

Dios envía a sus ángeles

Sin pensar, tomé el eje en forma de I e intenté levantarlo para sacar mi cuerpo. La masa de diez mil a doce mil libras no se movió y entendí la cruda realidad de lo que acababa de suceder, tan pronto como el eje cayó sobre mí. Clamé dos veces desde lo profundo de mi alma: "¡Señor, ayúdame!".

En el impacto, la sangre se había agolpado en mi garganta por dentro y había entrado en mi boca, de manera que giré la cabeza para escupir la primera hemorragia.

Con temor, miré hacia mi abdomen, donde había caído el eje, y pude ver que había un espacio de una pulgada de aire entre la parte inferior del eje y el concreto, del lado izquierdo de mi cuerpo, y aproximadamente dos pulgadas de espacio del lado derecho de mi cuerpo. Con esto supe que el lado izquierdo de mi cuerpo había quedado aplastado a una pulgada de ancho y el lado izquierdo a dos pulgadas, aproximadamente. También entendí que como el eje tenía seis pulgadas de ancho de adelante hacia atrás, aunque no pudiera ver la parte inferior de mi cuerpo, yo sabía que estaba aplastado de las costillas hacia la pelvis, de un lado al otro.

El conductor bajó de la camioneta y llamó a emergencias 911, antes de intentar quitarme el camión de encima. Él ya no podía meter el gato debajo del eje, porque este ya se encontraba sobre el pavimento; de manera que colocó el gato bajo el resorte de placas del lado del copiloto y comenzó a levantarlo. Le pedí que no colocará ahí el gato, porque temía que se resbalaría de nuevo, debido a la curva del resorte. Él no tuvo opción y continuó levantándolo a pesar de mi inquietud.

Una vez que me quitó el camión de encima, miré hacia abajo. Recuerdo haber pensado que parecía como un personaje animado a quien le había caído algo pesado encima y se había aplanado como papel. Era difícil creer que lo que acababa de suceder era real, pero el increíble dolor que sentía lo comprobaba.

Le rogué que me sacara de debajo del camión, pero él no podía saber por mi grosor, si mi columna se habría facturado; de manera que se negó a moverme, por temor de lastimarme todavía más. Yo continué rogándole que me sacara de debajo del camión, porque temía que el gato se resbalara y que fuera a caer sobre mí de nuevo; pero pronto me di cuenta de que no sucedería.

Desesperado, me así de la parte inferior del gran parachoques cromado que se encontraba detrás de mi cabeza y decidí que me arrastraría de debajo del camión, aunque eso fuera lo último que sucediera. Necesité todo lo que tenía para hacerlo, pero pude arrastrarme lo suficiente, de modo que mi cabeza ahora se asomaba por debajo del parachoques cromado, mientras el resto de mi cuerpo continuaba debajo del camión. Entonces perdí toda la fuerza, mis ojos se cerraron y todo se desvaneció.

En ese momento, mi espíritu salió de mi cuerpo y se fue hacia el techo del taller. La Biblia nos dice que tenemos un espíritu que mora dentro de nuestro cuerpo; y cuando morimos, nuestro espíritu deja nuestra cubierta terrenal. Esta es la razón por la que existen millones de personas que han tenido estas experiencias "extracorpóreas" literalmente, durante algún traumatismo o alguna otra situación de vida o muerte.

Desde arriba miré hacia abajo, como si solamente fuera un observador de lo que estaba sucediendo allá. Me encontraba en un estado de perfecta paz, sin dolor ni pena. Podía ver claramente la cabeza de un hombre asomándose del parachoques delantero de un camión, y también podía ver a otro hombre de rodillas encima de él. El hombre que estaba de rodillas, se encontraba llorando y acariciando con sus dedos el cabello del otro hombre, mientras le hablaba; pero los ojos del otro hombre estaban cerrados y no respondía. Escuché cada palabra que decía el hombre arrodillado, mientras se disculpaba continuamente.

Por alguna razón, en ese momento yo no sabía que el hombre que se encontraba debajo del camión era yo. Estoy seguro de que en parte, esa era la razón por la que yo sentía una paz perfecta y no tenía sensación de dolor acerca de la situación. Yo continué mirando desde mi posición estratégica en el techo, enfocado atentamente en los dos hombres que se encontraban debajo de mí; cuando de pronto, mi perspectiva pareció ensancharse. Ahora veía que había dos ángeles enormes, ¡uno de cada lado del hombre que estaba debajo!

Los ángeles lucían idénticos y estaban de rodillas mirando hacia el camión, tal como el hombre de en medio; aunque la cabeza de los ángeles estaba dos pies (60,96 cm) arriba de la cabeza del hombre. Eso los hacía medir alrededor de ocho pies (2,44 m), si hubieran estado de pie. Luz emanaba de ambos y eran sorprendentemente visibles, no se veían borrosos o nublados, como algunas veces los muestran en las pinturas o en las películas.

Ellos tampoco tenían alas, pero vestían túnicas hechas de un material grueso que no había visto antes. Ese material extraño me llamó la atención y me di cuenta de que parecía estar hecho de pequeñas cuerdas cosidas. Las túnicas eran suficientemente ajustadas, y pude ver que estos dos ángeles eran muy musculosos. Cada uno tenía sus brazos colocados debajo del parachoques delantero, orientados hacia el cuerpo del hombre que estaba debajo del camión. Aunque no podía ver sus manos, era evidente, a partir de la posición de sus brazos, que ellos debían estarlo tocando.

Tenían el cabello largo y les llegaba hasta el nivel del cinturón que rodeaba sus túnica. Desde mi perspectiva del techo, yo no podía ver sus rostros, solamente su espalda, pero era obvio que eran hombres. Ellos nunca se movieron ni dijeron palabra, y nunca se dieron cuenta de que yo estaba en el techo, arriba de ellos.

El momento decisivo

Continué mirando desde arriba, mientras el personal del departamento de bomberos y los trabajadores de respuesta a emergencias llegaron a la escena del accidente. Ocho de las diez personas que llegaron, entraron por la puerta delantera o principal; mientras que las últimas dos personas en llegar, entraron por la puerta trasera. Un año después del accidente hablé delante del departamento de bomberos convocado a la escena y pude identificar a varias de las personas que llegaron la noche del accidente, así como a las personas que entraron por la puerta "incorrecta". Les pregunté por qué habían entrado por la puerta trasera y ellos pudieron explicar lo que había sucedido: lo que causó que entraran por la puerta trasera. Aunque son muchos detalles, son importantes, debido a que comprueba que tuve una experiencia "extracorpórea"; de otra manera, yo no habría podido ver esto desde debajo del camión, con los ojos cerrados.

Una de las dos personas que entraron por la puerta trasera fue una mujer de cabello largo y rojizo, quien más tarde descubrí que era la socorrista llamada Shannon Cila. Ella se acercó por el lado del conductor y se colocó sobre el hombre que estaba herido, más tarde comenzó a darle palmadas en la mejilla, diciéndole que abriera los ojos. Los dos ángeles grandes permanecieron de cada lado del cuerpo, aparentemente ignorantes de la conmoción que había a su alrededor. Yo continuaba mirando desde arriba, cuando ella preguntó cómo se llamaba el hombre. Después de que le dijeran el nombre, ella comenzó a decir: "Bruce Van Natta, abra los ojos", aunque palmeando ligeramente su mejilla de nuevo. Ella continuó haciéndolo, cada vez más fuerte.

Por alguna razón, eso me llamó la atención allá en el techo, aunque no estaba seguro de la razón. Sin previo aviso, me di cuenta de que mi espíritu había regresado a mi cuerpo y en un parpadeo ahora me encontraba cara a cara con la mujer.

La primera sensación que me golpeó fue un dolor increíble. ¡Sentía como si me hubiera caído encima un camión! Lo siguiente que pensé fue: "Ay, no, ¡yo soy el tipo que está debajo del camión!". Entonces capté todo y recordé claramente que el camión había caído encima de mí. También recordé haber estado en el techo y haber visto dos ángeles. Por alguna razón, eso no pareció extraño, mientras mi espíritu estuvo en el techo, pero ahora sí lo era. Miré a ambos lados de mi cuerpo, donde habían estado los ángeles, pero ya no podía verlos.

Más tarde supimos que mis arterias principales habían sido dañadas en cinco puntos. Debí haberme desangrado en unos cuantos minutos o en el momento en que mi espíritu salió de mi cuerpo. De hecho, cuando comparan mi caso con datos de estudios que han practicado en arterias gravemente lesionadas, los médicos afirman que no pueden encontrar a nadie en el mundo que haya sobrevivido con las arterias principales lesionadas en cinco puntos, como yo.

Aunque yo ya no podía ver a los ángeles, eso me comprueba

que ellos continuaban ahí y que continuaban llevando a cabo lo que Dios los había enviado a hacer: mantenerme con vida.

El dolor era casi insoportable. Me di cuenta de que cuando cerraba los ojos, sentía un completo alivio, ya que mi espíritu salía de mi cuerpo otra vez. Lo único que era distinto ahora, era que cuando mi espíritu salía de mi cuerpo, este ya no subía al techo, sino que se iba muy rápidamente por un tubo a un lugar muy lejano. Cuando esto sucedía, Shannon comenzaba a golpetear mi mejilla y a llamarme de nuevo, hasta que abría mis ojos. Lamentablemente, cuando abría mis ojos y mi espíritu regresaba, ¡consigo regresaba un tremendo dolor!

En mi cabeza parecía como si dos voces compitieran por llamar mi atención. Una era fuerte y brusca, y continuaba diciéndome que cerrara mis ojos, que me rindiera y muriera, ya que de todas maneras me iría al cielo. La otra era más callada y simplemente decía que si yo deseaba vivir, tendría que pelear, y que esa sería una pelea difícil.

Estos dos pensamientos contrarios o voces continuaban yendo y viniendo en mi cabeza. Mientras tanto, mi espíritu iba y venía de mi cuerpo. El único factor decisivo parecía ser si elegiría cerrar mis ojos o no.

De pronto, Shannon llamó mi atención cuando me dijo que necesitaba pelear, ¡ya que me encontraba al borde de la vida y la muerte! Su afirmación fue tan semejante al susurro en mi cabeza que yo supe que no podía ser una coincidencia. Me di cuenta de que Dios ahora estaba hablando a través de ella, diciéndome lo mismo. Examiné lo que estaba sucediendo con mi espíritu y supe que lo que ella había dicho era verdad. Entonces ella me preguntó si tenía esposa o hijos, u otra cosa por la cual pelear.

A partir del momento en que el camión cayó encima de mí, todo lo demás se había desvanecido. Pensar estar casado, en Lori o en los niños, no me había pasado por la mente, hasta que Shannon lo mencionó.

Tan pronto como preguntó si yo tenía algo por qué luchar, recordé a mi esposa y a mis cuatro hijos que necesitaban un esposo y un padre. En ese momento, en ese lugar, decidí que pelearía por ellos y mantendría mis ojos abiertos sin importar cuánto doliera.

Terminaron enviándome en helicóptero a uno de los centros de emergencias más grandes de nuestro estado. Los médicos se asombraron por lo que encontraron. Habían pasado ya dos horas desde que el camión me había caído encima. Las tomografías y otros estudios parecían mostrar arterias y venas lastimadas, lo cual me había causado una hemorragia en la cavidad estomacal interna. Según los testigos, yo debí haberme desangrado en cuestión de minutos. Esto provocó una gran confusión, porque mis ojos estaban abiertos y evidentemente estaba vivo, aunque no pudiera comunicarme verbalmente. Más tarde, uno de los médicos comentó que cuando miró la tomografía esa noche, esta perecía pertenecerle a una persona muerta, pero mi corazón estaba latiendo como si hubiera corrido un maratón.

Inmediatamente recibí transfusiones de sangre masivas, pero en lugar de que mi presión arterial se elevara, esta permanecía críticamente baja y de repente bajaba completamente; de manera que rápidamente me practicaron una cirugía de emergencia. Yo luché por mantener mis ojos abiertos, hasta que me aplicaron la anestesia.

Durante la cirugía inicial, ellos hicieron una incisión en la parte baja de mis costillas, hacia la parte superior de la pelvis, a fin de que pudieran abrir completamente el área dañada y examinarla. Lo que encontraron parecía como una plasta. El impacto había dañado, cortado y pulverizado completamente el intestino delgado, así como todo lo demás en el área del abdomen.

Habían llamado al jefe del departamento de emergencias, quien se encontraba en casa. Después de ver cuán extensas eran mis heridas, tomó la decisión de que solamente reconectarían las arterias y venas dañadas en ese momento, después de quitar las que estaban demasiado dañadas. Él salió y le dijo a mi esposa que en todos los años que había sido médico de emergencias, nunca había visto que alguien llegara vivo al hospital con las heridas que yo tenía, y no esperaban que sobreviviera hasta el siguiente día.

Mi esposa y otros miembros de mi familia y de la iglesia alababan a Dios por cada periodo de treinta minutos de vida que yo recibía. Después de cada periodo de treinta minutos que yo continuaba con vida ellos formaban un círculo, se tomaban de las manos y le agradecían a Dios. Cuando los minutos se convirtieron en horas, llegó la mañana y los médicos estaban sorprendidos de que mi corazón continuara latiendo.

Terminaron operándome de nuevo esa mañana, durante varias horas. Mis costillas rotas, mis vértebras fracturadas y mi páncreas, mi estómago y mi brazo dañados quedaron en segundo término, mientras ellos trabajaban lidiando con problemas más importantes que amenazaban mi vida. Mi abdomen aplastado se hinchó tanto que no lo pudieron cerrar durante seis días. Me indujeron al coma durante semanas para ayudar a mi proceso de curación.

El hombre del pan dulce acude a orar

El adulto promedio tiene aproximadamente 19,5 pies (6 m) de intestino delgado. La mayor parte del mío estaba destruido y los médicos solamente pudieron salvar dos secciones que medían en total 3,2 pies (1 m). Para empeorar las cosas, las partes más importantes del intestino delgado, así como el íleon y el duodeno, habían desaparecido; por lo que tendría que confiar en que me alimentaran intravenosamente, además de ser alimentado por un tubo para mantenerme con vida.

En la noche del accidente yo pesaba más de 180 libras (80 kg), pero en tres meses llegué a las 125 libras (65 kg), y la gente decía que lucía como una persona de un campo de concentración. Había pasado por cuatro cirugías para entonces y en la última habían quitado la porción de intestino delgado que habían intentado salvar. Lentamente moría de hambre. Un día, un médico entró y nos dijo que me mantendría con vida durante el siguiente año o año y medio, máximo, a través de intravenosas, ya que la pequeña parte de intestino que me habían dejado, no podía absorber los nutrientes necesarios.

Mi esposa y otras personas habían puesto mi nombre en listas y cadenas de oración en todo el país, incluyendo la iglesia de mi amigo, el pastor Ryan. Después de que nos dijeran que no esperaban que viviera durante mucho tiempo, aumentó la intensidad de las oraciones, ya que cada día continuaba perdiendo peso.

Una mañana, el Señor despertó a Bruce Carlson (el hombre que el Señor me había mostrado en el sueño del pan dulce, antes de que lo conociera durante mis vacaciones) y le dijo que volara a Wisconsin y que orara por mí. Cuando le dijo a su esposa lo que pensaba que había escuchado, ellos terminaron decidiendo que con toda seguridad había sido algo emocional y no Dios, ya que había gente con quienes asistíamos a la iglesia que orarían por mí.

La mañana siguiente, a la misma hora, el Señor lo despertó de nuevo y comenzó a poner en su corazón que comprara un boleto de avión y que volara a Wisconsin para orar por mí; y que si lo hacía, Dios iba a llevar a cabo un milagro. Esta vez fue obediente y terminó comprando el boleto, y voló desde Nueva York para orar por mí.

Algunos amigos de mi iglesia lo recogieron en el aeropuerto y lo llevaron al hospital. Entonaron algunas canciones en la habitación, y Bruce oró más tarde. Comenzó pidiéndole al Señor que me sanara y dijo que él estaba sumando sus oraciones a todas las demás oraciones que ya se habían elevado por mí en el país.

En ese momento, colocó su mano en mi frente y comenzó a orar en una manera diferente a la que todos los demás habían orado por mí. Él le habló a la "montaña", como Jesús nos enseñó a hacerlo, y utilizó la "autoridad" que nos ha sido otorgada a todos los creyentes. Mi "montaña" era un problema físico provocado por la falta de intestinos, de manera que simplemente dijo con poder: "Intestino delgado, ¡te ordeno que crezcas sobrenaturalmente ahora, en el nombre de Jesús!".

Cuando dijo eso, sentí como si hubiera salido electricidad de su mano hacia mi cuerpo. Parecía como si yo hubiera sido tocado por un alambre eléctrico y me hubiera dado una descarga. Pero en lugar de permanecer en el punto de contacto, la electricidad corrió hasta mi estómago.

Miré a Brian Strong, uno de los amigos que había traído a Bruce Carlson al hospital, y le dije que sentía como si una serpiente se hubiera desenroscado en mi estómago, ya que era la única manera en que podía expresar lo que estaba sintiendo.

Mi peso se niveló inmediatamente y, antes de que pasara mucho tiempo, comencé a subir de peso, lo que intrigó a los médicos. Me practicaron varios análisis y descubrimos que Dios de verdad había llevado a cabo otro milagro asombroso, y no solamente un milagro de sanidad, ¡sino un milagro creativo! Las tomografías, los rayos X y un examen del tracto intestinal superior concluyeron en que yo había obtenido milagrosamente de 6 a 8 pies, o por lo menos 200 centímetros de intestino delgado, ¡de la nada! Esa es la razón por la que continúo vivo seis años después y por la que puedo tener una vida normal, y ahora tengo una expectativa normal de vida.

Dios está buscando guerreros

Yo creo que una de las cosas más interesantes acerca de mi experiencia con el accidente es que el Señor *me* dio a elegir si deseaba vivir o morir. Claramente fue el enemigo quien me dijo que me rindiera y muriera, porque él siempre promueve la muerte. El Espíritu Santo dijo que *si deseaba vivir, entonces tendría que pelear.* Dios es un Dios de libre albedrío y Él siempre lo ha sido, desde el jardín del Edén. Él fácilmente pudo haber detenido a Adán y a Eva de comer el fruto, pero debido a que Él les había otorgado un libre albedrío, les permitió elegir.

De igual manera, Él le da libre albedrío a la gente para elegir en la actualidad. Nosotros elegimos si creeremos en Él como nuestro Señor y Salvador o no. Nosotros elegimos si creeremos en todas las promesas de la Biblia o solamente en algunas. Nosotros elegimos si seremos guerreros y pelearemos la batalla de la fe o no.

La noche del accidente, Él solamente me dio la opción de

vivir o no; pero también me advirtió que si deseaba vivir, ¡yo tendría que luchar y que esa sería una batalla dura! Dios nunca nos miente como lo haría algún evangelista bien intencionado. Cuando nos hacemos cristianos, eso no significa que nuestra vida ahora será fácil. De hecho, muchas veces sucede justo lo contrario, y se hace más difícil de alguna manera. La buena noticia es que no importa lo que suceda, Dios nunca nos dejará ni nos abandonará. Él siempre nos dará poder para salir victoriosos en nuestras batallas, si vamos con él. Jesús dijo en Juan 16:33: "En este mundo afrontarán aflicciones, pero ¡anímense! Yo he vencido al mundo".

Esa noche, yo no sabía que terminaría recibiendo cinco cirugías y entrando y saliendo del hospital durante más de un año. Tampoco sabía que habría un largo periodo de tiempo en que estaría muy enfermo y débil, pero Él sí lo sabía. Dios también sabía que habría algunos días en el hospital en que yo estaría tan enfermo y con tanto dolor que le pediría que simplemente me dejara morir si no mejoraría.

Dios sabía todo esto y es por ello que me advirtió que tendría que pelear, y que la batalla sería dura. Posiblemente usted que está leyendo esto esté pasando por algunas batallas en su propia vida. Si es así, sepa esto: Dios está buscando guerreros que peleen la buena batalla de fe. Si elegimos aceptar el desafío, nos encontraremos en el equipo ganador. ¡Punto! Pero si decidimos no pelear, ¿cómo podemos esperar salir victoriosos?

Cuando David apareció en el valle de Elá el día que peleó con Goliat, todo el ejército israelita ya había estado ahí durante cuarenta días y ni un solo hombre se había atrevido a pelear contra el gigante. Todo lo que Dios necesitaba era una persona que tuviera fe en que Él haría lo que había prometido. Cuando el pequeño pastor dio un paso al frente con esa fe, Dios lo utilizó para vencer al gigante.

Algunos días es posible que el gigante que esté enfrentando luzca demasiado grande, demasiado malo o bastante fuerte; pero es ahí cuando tenemos que saber que el Dios a quien servimos es mucho mayor y mucho más fuerte que cualquier enemigo que podamos enfrentar.

O posiblemente el problema sea que no nos sentimos como guerreros. Algunas veces, nos sentimos más tímidos que valientes o más suaves que fuertes. Si ese es el caso, entonces reciba el mensaje que se encuentra en 1 Juan 4:4. Dice que el que está en nosotros es más poderoso/más grande que el que está en el mundo.

Así es. Dios mora en usted, un creyente, y no hay nadie a quien Él tema. Tampoco hay alguien que sea más poderoso o más grande que Él. Él solamente pide que le creamos a Él y en sus promesas. El Rey de reyes está de nuestro lado y está morando en nosotros, de manera que si no nos sentimos como guerreros, no importa, porque el más grande mora dentro de nosotros.

Saber esto no solamente afectará nuestro futuro, sino también el futuro de quienes Dios ha puesto en nuestra vida. A menudo me pregunto qué me habría sucedido si Bruce Carlson no hubiera escogido decir sí cuando Dios le pidió que fuera un asesino de gigantes y volara a Wisconsin para orar por mí. No exageraría al decir que si el Señor no hubiera enviado a nadie más, yo me habría agotado hasta morir. Nosotros dependemos unos de otros en el Cuerpo de Cristo y nuestras decisiones personales no solo nos afectan a nosotros mismos, sino también afectan a los demás, más de lo que nos damos cuenta.

Dios está buscando guerreros y el único requisito que necesitan es creer que Él es fiel. Sí, habrá una pelea, pero cuando nos alistamos con el Rey de reyes, ¡siempre conseguimos la victoria!

Capítulo 4

Los vientos del Pentecostés en nuestra habitación

A L AÑO SIGUIENTE del accidente, yo pasé mucho tiempo en el hospital; pero debido a que mi seguro no era muy bueno, me enviaban a casa algunas veces entre cirugías, durante semanas o meses. Había enfermeros encargados de cuidarme en casa y regularmente iban para ayudarme con las intravenosas y con otras cosas que mi esposa no podía hacer.

Mi actitud y mi temperamento comenzaron a deteriorarse, a medida que se repetía el interminable ciclo de enfermedad-cirugía-recuperación. Creo que esto se debió a tres razones principales. En primer lugar, mi personalidad es extremadamente activa y permanecer atorado en el hospital o incluso en mi propia cama sin poder "hacer" cosas era muy difícil para mí.

El segundo factor fue que debido a que mis heridas eran tan severas y tan extensas, constantemente sentía mucho dolor. Era muy difícil mantener una actitud positiva cuando estaba tan débil y enfermo, y tenía que lidiar con el interminable dolor. Los médicos me mantenían con los analgésicos más fuertes posibles, y creo que esa era la causa de la tercera razón por la que mi actitud se había vuelto tan mala.

Yo ya no podía escuchar la voz de Dios. Antes del accidente mantenía conversaciones detalladas con Dios diariamente, pero después, parecía como si Él se hubiera mudado.

Ahora, no me malentienda. Yo sabía que Él me amaba y que había enviado a los ángeles para salvarme. De hecho, lo primero que intenté comunicarle a mi esposa después de que me despertaran del coma inducido, fue que había visto a dos enormes ángeles. Había sido algo tan profundo que yo deseaba decírselo a todo el mundo: los médicos, las enfermeras... a todo aquel que escuchara, pero mi temor de lo que podrían pensar me detenía algunas veces.

La pregunta real

Entre la cuarta y la quinta cirugía, me preguntaron si podía compartir mi testimonio en una iglesia del pequeño pueblo de mi abuela y de mi abuelo, de quienes le hablé en el capítulo 1. Fue el primer lugar donde escuché acerca de Jesús y de su amor cuando era niño, treinta y dos años atrás; de manera que creo que el Señor deseaba enviarme a ese lugar primero, para compartir oficialmente mi testimonio, aunque debo admitir que estaba demasiado asustado de pararme frente a la gente y hablar.

Un día, no mucho tiempo después de hablar en la iglesia del pueblecito, me encontraba sentado en la mesa de la cocina, leyendo mi Biblia y orando. Antes del accidente, cuando leía la Biblia, las palabras me parecían muy poderosas y vivas. Desde el accidente, de alguna manera se habían convertido en solo palabras. Antes, mis oraciones eran conversaciones íntimas con Dios. Pero después, estas se convirtieron en solo palabras. Ya no había vida en ellas tampoco. Mirando en retrospectiva, creo que los fuertes medicamentos que estaba consumiendo eran la causa, pero en ese momento yo no comprendía lo que estaba sucediendo.

Aunque yo había visto a los ángeles que Dios envió y sabía que Él había llevado a cabo un enorme milagro al salvar mi vida, me sentía miserable por dentro, porque extrañaba la diaria relación y la interacción que solíamos tener. Yo ya no lo soportaba y terminé molestándome.

Azoté la Biblia y clamé en voz alta a Dios, pregunta tras pregunta. "¿En dónde estás? ¿Por qué ya no me hablas? ¿Por qué te molestaste en siquiera salvarme, si ya no podemos estar cerca? ¿Cuándo voy a restablecerme?". Continué ufanándome en autocompasión, hasta que ya no tuve más qué decir.

Sentado en el silencio escuché a Dios hablarme por primera vez en meses. De forma interesante, Él ignoró todas las preguntas que acababa de plantearle durante mi berrinche y en lugar de ello me hizo una pregunta. Él me preguntó si recordaba nuestra conversación en la ducha, cuando le dije que moriría para hacer avanzar su Reino. Él me recordó la condición que le planteé: que Él enviaría un reemplazo que amara a Lori y a los niños más que yo. Le dije que lo recordaba. Entonces me dijo que Él había cumplido su parte del trato.

Eso no me parecía lógico, ya que yo continuaba vivo. Él me dijo que había cumplido su parte del trato. Finalmente le pedí que me lo explicara. Me dijo que yo era el reemplazo. Yo era el esposo reemplazante y el padre que ahora amaba a su esposa y a sus hijos más que antes. Era totalmente cierto. El accidente había provocado que mis prioridades cambiaran y me había abierto los ojos a lo que era verdaderamente importante en la vida. Mi familia formaba una gran parte de ello. Aunque antes los amaba mucho, ahora los amaba y los apreciaba más. Comencé a llorar cuando me di cuenta de su misericordia y su gracia en la situación, que yo no había comprendido antes.

Él continuó diciendo que yo había estado hablando mal de Él cuando le contaba a la gente las historia del accidente y que Él me había preguntado si moriría por hacer avanzar el Reino. Dije: "Pero, Señor, tú me preguntaste si moriría por hacer avanzar el Reino; y cuando dije que sí, sucedió el accidente".

El Señor me explicó que aunque esas eran afirmaciones ciertas, yo había malentendido completamente la pregunta. Cada vez que Él había preguntado si moriría por hacer avanzar el reino, Él no estaba hablando de una muerte física de una vez, ¡sino de una muerte a mi yo cotidiano! Él estaba preguntando si entregaría mis planes, mis intenciones y mis deseos para llevar a cabo su voluntad (esto es algo que Él les está pidiendo a todos los cristianos que lleven a cabo).

A partir del día en que me llamó por mi nombre en aquella iglesia, ese había sido un llamado a dedicarme al ministerio a tiempo completo; pero yo no lo había aceptado. Una y otra vez a lo largo de los años, Él lo había confirmado a través de muchas maneras diferentes, pero yo siempre había elegido mi propio camino. Meses después del accidente, el Señor le dijo al pastor Ryan que yo sería evangelista. Le pedí a Dios que él mismo me lo dijera; lo hizo, pero yo no escuché.

El Señor me recordó que Él había enviado a mi esposa dos días antes del accidente para intentar cambiar mi parecer; pero una vez más, yo había rechazado su llamado. Esa noche, bajo la dirección del Espíritu Santo, ella me pidió que no regresara a trabajar como mecánico, que vendiéramos el negocio y nos dedicáramos al ministerio como familia.

Comencé a pensar mucho acerca del accidente y de lo que lo había provocado. En Juan 10:10, Jesús nos enseñó que el diablo no viene sino para robar, matar y destruir, pero que Él vino para que tuviéramos vida, y la tuviéramos en abundancia. Dios desea lo mejor para nosotros, pero Él nos da libre albedrío; y cuando no elegimos correctamente, algunas veces sufrimos las consecuencias. Creo que el accidente sucedió debido a que mi continua desobediencia en esta área me había hecho vulnerable a un ataque del diablo. Dios sabía lo que el enemigo estaba planeando e intentó hacerme cambiar de dirección para evitarlo, pero yo no había escuchado.

Aceptar el llamado

Después de que todo sucedió, ahora era obvio, incluso para alguien tan simple y necio como yo, que no tenía opción más que estar en el ministerio a tiempo completo. Decidí que iría a la iglesia en la que el Señor me había llamado por mi nombre casi veinte años atrás, de manera que esta vez pudiera arrepentirme y aceptar su llamado, en lugar de huir. Yo sabía que no tenía que hacerlo de esa forma, pero de alguna manera parecía ser lo correcto.

Conduje hacia la iglesia durante dos horas y entré. Estaba vacía, porque era la mitad de la semana, así que pude recorrerla hasta que encontré el lugar exacto donde me había sentado cuando Dios n ... mi nombre. Aunque habían pasado casi veinte años, ... nemoria continuaba vívida. Incliné mi cabeza y comencé a orar. Le pedí al Señor que me perdonara por ser tan testarudo y desobediente, y por huir de su llamado todo ese tiempo.

Cuando oré, comencé a sentir dolor en lo profundo de mi corazón por todos los años que había perdido. No era condenación o culpa, sino un dolor divino por no hacer lo que estaba llamado a hacer. Me di cuenta de que mi elección no solo me había afectado a mí, sino a muchos otros. Ahora podía sentir de verdad la fuerte presencia de la gloria de Dios en ese lugar y de pronto, el Espíritu Santo levantó mi cabeza y me abrió los ojos.

Cuando lo hizo, el Señor abrió mis ojos espirituales y pude ver varios ángeles con túnicas blancas sentados en los asientos que me rodeaban. Cada uno de ellos tenía la cabeza inclinada también, y había una sensación solemne pero poderosa en ello. Eso me hizo comprender aún más lo serio que era esto y que mi desobediencia anterior, así como mi actual decisión de aceptar este llamado, no debían de tomarse a la ligera.

El Señor me recordó las palabras proféticas que el pastor Ralph Díaz me había dado en Nueva York meses antes del accidente. Él había dicho que pronto vería ángeles. Aunque no era así como lo imaginaba, yo pude verlos la noche del accidente y una vez más, sentados a mi alrededor en la iglesia. Él también había dicho que estaría en el ministerio a tiempo completo y que la gloria del Señor rodearía mi ministerio y a mí. Esto también se estaba cumpliendo cuando respondí al llamado de Dios en la iglesia aquel día. El peso de su presencia parecía envolverme.

El pan dulce es revelado

De hecho, cada una de las cosas que el pastor Díaz me dijo, se llevaron a cabo; incluyendo conocer a alguien muy importante para mi futuro, mientras me encontraba de vacaciones. Obviamente había sido Bruce Carlson, el hombre que Dios me mostró en el sueño del pan dulce. Él era la persona que Dios había elegido enviar para que orara por que mis intestinos crecieran de nuevo. Su obediencia fue la razón por la que no morí de hambre.

Cuando le pregunté al Señor cómo debía llamar el ministerio que estaba a punto de comenzar, Él inmediatamente me dijo Sweet Bread Ministries (Ministerios Pan Dulce). Yo fui obediente, pero tengo que admitir que al principio, de alguna manera me sentí incómodo con ese nombre, hasta que hablé en alguna iglesia y el pastor me dio revelación acerca de lo que eso significaba en realidad. Después de compartir mi testimonio, él me preguntó por qué había elegido llamarlo Sweet Bread Ministries. Le expliqué el sueño que tuve en que comía pan dulce con el hombre que terminó asistiendo a orar por mí y de cómo había sucedido entonces el milagro.

Él se conmovió demasiado y comenzó a decirme cuan profundo era. Yo creía que él se refería al hecho de que el Señor me había mostrado a Bruce Carlson en el sueño antes de que lo conociera y de cómo terminó orando por mí. Pero él dijo que esa solamente era una parte. Me preguntó si sabía lo que significa el término "pan dulce". Respondí que para mí era un pan con sabor dulce y glaseado en la parte superior.

Él se asombró de que no supiera su otro significado y me dijo que el término *pan dulce* describe algo completamente distinto en otras partes del mundo. Se dirigió hacia su computadora y escribió "pan dulce" en un buscador y más tarde imprimió una de las descripciones que encontró. ¡Decía que pan dulce eran el páncreas, el estómago y los intestinos calientes de un cordero o un becerro! Todo eso se había dañado gravemente en mi accidente. ¡Mis intestinos eran lo que había sido sanado y habían crecido varios centímetros, cuando Bruce Carlson oró por mí!

El sueño del pan dulce que el Señor me había dado, ahora tenía un mayor significado, al darme cuenta del concepto simbólico de lo que realmente significaba el pan dulce. Dios no solamente me había mostrado a Bruce Carlson semanas antes de conocerlo, lo cual fue increíble; sino también me había mostrado simbólicamente que él se acercaría a mí y podríamos compartir este "pan dulce" o milagro intestinal.

Batallas con el temor

También hubo otra parte importante en el sueño. Al final del sueño, yo temía tener que compartir mi pan dulce con otros. El Señor me dijo que debido a que era un regalo, yo tenía que compartirlo y estar feliz de ello.

Yo supe claramente, después del accidente y de aceptar el llamado al ministerio a tiempo completo, que la razón por la que no deseaba compartir era por temor. El temor había provocado que no le hablara a nadie del abrazo de Jesús en mi infancia, durante más de veinte años y me había detenido de compartir la realidad de Dios con otras personas cuando había tenido la oportunidad.

El temor se debía a muchas razones. Yo temía que la gente no me creyera. Temía que la gente pensara que estaba loco o que era extraño. Temía que la gente mirara quien era y viera todos los errores que había cometido y dijera que era un hipócrita y que no tenía derecho de hablarle de Dios a la gente. Temía fracasar y parecer un tonto. También temía que la gente me hiciera preguntas cuyas respuestas no conocía, porque creía que mi conocimiento de Dios era insuficiente.

El Señor comenzó a mostrarme que estos temores que me detenían de entrar en el ministerio en primer lugar podían reducirse a una cosa: el temor al hombre. Con el tiempo, el Señor comenzó a quitar estos temores, a medida que me enseñó a buscarlo solo a Él para obtener aprobación y éxito, pero fue un proceso.

No fue sino hasta que me recuperé físicamente por completo que acepté el llamado de Dios al ministerio a tiempo completo en mi vida. Mientras, Él comenzó a enviarme pequeñas oportunidades para compartir mi testimonio. Cada vez, el temor me consumía durante días antes del evento. Cuando llegaba la hora de pararme frente a la gente, todos aquellos temores me invadían, provocándome sudor y haciéndome temblar. Cuando hablaba, me costaba permanecer enfocado, ya que mi mente escuchaba todos esos pensamientos de temor y me intimidaban.

Esto me llevaba a un dilema, porque yo le había dicho al Señor que entraría en el ministerio, pero cuando surgía la oportunidad, algunas veces me resistía debido al temor. Yo deseaba compartir el "pan dulce", el testimonio de los milagros que Dios había hecho en mí, pero eso me asustaba demasiado.

Dios comenzó a darme sueños que me mostraban lo que estaba sucediendo y lo que estaba en juego. En uno de ellos, un hombre sin rostro estaba frente a mí, sosteniendo una moto-sierra. La punta o nariz de la barra de la motosierra estaba en mi boca, y yo estaba mordiendo la barra tan duro como podía, mientras retraía mis labios y mis mejillas, de manera que no se cortaran con la cadena giratoria. Aunque nunca habló, yo sabía que el hombre sin rostro deseaba que abriera mi boca, pero yo tenía tanto temor que no podía hacerlo. De pronto, él movió la sierra de un lado a otro, cortando mis mejillas hasta la quijada y abrió mi boca esperando que sintiera dolor o viera sangre, pero no había nada. Toqué mis mejillas con las manos y me di cuenta de que no solamente no me había lastimado, sino que ahora mi boca estaba completamente abierta y se sentía bien.

Como mencioné anteriormente, en mis sueños, el hombre sin rostro siempre representa al Espíritu Santo; y Dios me estaba mostrando simbólicamente que Él deseaba que abriera mi boca. Él me estaba mostrando que me ayudaría a llevarlo a cabo y que aunque yo temiera, no dolería.

La noche siguiente tuve un sueño como si me encontrara mirando desde el espacio exterior. Vi a un hombre que estaba corriendo sobrenaturalmente de un continente a otro alrededor de la Tierra, buscando a alguien que lo ayudara, pero no podía encontrar ayuda en ninguna parte. Mientras corría, la superficie de la Tierra se calentaba cada vez más. Él estaba intentando ale-jarse del calor, pero no había lugar dónde ir. Comenzó a llorar del dolor, mientras el fuego comenzaba a salir desde las grietas de la tierra. Era difícil verlo y me sentí mal por el hombre, porque yo sabía que iba a morir. De pronto, el Señor me preguntó si yo iría a ayudarlo. Este fue un sueño claro en el que el Señor me estaba pidiendo que ayudara a otros a encontrar su camino hacia la sal-vación eterna. Una vez más, el Señor me estaba pidiendo que abriera mi boca en beneficio de otras personas.

Al poco tiempo, oré a Dios, pidiéndole que me diera poder y me llenara del Espíritu Santo, para que pudiera llevar a cabo lo que Él deseaba. Entonces tuve un sueño en que un viento con la fuerza de huracán soplaba tan fuerte en mí que apenas podía mantenerme de pie, y comencé a irme hacia atrás. Pronto supe que esa era una señal profética de lo que estaba a punto de suceder.

El Pentecostés en nuestra habitación

Comencé a orar firmemente por que el Señor removiera todos esos temores de manera que pudiera llevar a cabo lo que Él me había llamado a hacer. Cuando me encontraba hablando con alguien cara a cara los temores no me molestaban, pero cuando hablaba frente a un grupo, ahí era cuando me sentía intimidado. Hasta entonces, yo únicamente había hablado unas cuantas veces y solamente a iglesias y grupos pequeños, pero algunas personas de mi iglesia comenzaron a organizar un evento para la comunidad en el que yo sería el ponente y donde habría la posibilidad de que cientos de personas asistieran.

El evento estaba programado para el domingo 28 de octubre de 2007, por la noche, aproximadamente un año después de mi accidente. A medida que se acercaba el evento, mis temores continuaban elevándose. Cada vez que escuchaba el anuncio del servicio en la radio o veía un cartel anunciándolo, se me congelaba la sangre.

La noche del viernes antes del evento, me pidieron que ministrara a un hombre que acababa de salir de la prisión. Yo estaba feliz de hacerlo, ya que esto tranquilizaría mi mente para el evento próximo. Él había consumido drogas durante toda su vida, tal como yo, y teníamos algunas otras cosas en común, de manera que pudimos entendernos muy bien. Él estaba pasando por momentos difíciles y necesitaba ayuda, y lo sabía; así que al final de la noche él había elegido aceptar a Jesús como su Señor y Salvador.

Después de guiarlo en oración a que le pidiera a Dios que entrara en su corazón, comencé a intentar explicarle lo que podía esperar de la vida cristiana y cuan grande era Dios. Él estaba preocupado de que tan pronto como se marchara, o al día siguiente, se esfumara lo bien que se sentía en ese momento. Debido a que ambos habíamos consumido drogas durante mucho tiempo, yo decidí utilizar una analogía del estilo de vida que él entendería. Le dije que el Espíritu Santo era más poderoso que todo tipo de droga o alcohol que pudiera imaginarse. Continué diciéndole que no tenía que preocuparse de que se esfumara, porque Dios ahora había entrado a morar en su interior y podía entrar en la presencia de Dios cada vez que quisiera, ¡sin efectos secundarios negativos!

Pasé la mayor parte del día siguiente en oración, debido a mi temor de tener que hablar el domingo frente a cientos de personas. Temía que la gente que me conocía me llamara hipócrita por hablar de Dios o que alguien llegara y gritara enfrente de la multitud mis pecados y actividades ilegales del pasado. Sobre todo, temía pararme ahí y hacer el ridículo, por no saber qué decir o cómo decirlo. Sabía que el Espíritu Santo tenía que mostrarse o yo estaría en problemas. Sin su dirección y su poder, yo habría fracasado miserablemente.

Esa noche dormí solamente en segmentos de diez a veinte minutos corridos, antes de despertar y clamar a Dios desesperadamente. Lamentablemente, continuaba despertando a Lori por mis oraciones en voz alta. Cuando ella se despertaba, yo le pedía que también orara por mí. Una y otra vez, durante la noche, le pedí a Dios que enviara al Espíritu Santo en gran medida, para que el primer servicio del ministerio no fuera un fracaso.

A las 3:30 a.m. aproximadamente, el Señor me dio un sueño en el que Lori y yo nos encontrábamos en la sala de espera de un hospital. Parecía que había pasado mucho tiempo para ver al médico, cuando una enfermera entró en la sala y nos llevó por un pasillo que tenía muchas puertas. Ella nos dijo que fuéramos a la sala de exploración que tenía la luz roja sobre la puerta, y el médico iría a vernos.

Cuando entramos en la sala, nos dimos cuenta que el muro del exterior de la sala de exploración colindaba con un bar o un salón común de bebida. Había una ventana en el muro y podíamos ver directamente hacia el bar, donde había gente festejando y bebiendo. Le mencioné a Lori que pensaba que era del mal gusto que el hospital mantuviera esa ventana ahí, que debían cerrarla, ya que era un tanto ofensivo que en la sala de exploración tuvieran una ventana que daba hacia un bar. Ambos habíamos dejado de beber en ese punto de nuestra vida, y yo no deseaba tener que pensar en ese estilo de vida, porque nos había causado demasiados problemas en el pasado.

En ese momento, la enfermera regresó cargando lo que parecía ser una charola redonda de bar, que tenía vasos llenos de bebida. Ella dijo que el médico había prescrito nuestro medicamento y ahí estaba. Yo argumenté que el médico nunca había entrado a vernos en la habitación, pero ella dijo que me equivocaba; él había entrado y ese era el medicamento que había ordenado. Intenté discutir con ella un poco más, pero ella nos entregó los vasos de bebida y nos dijo muy firmemente que solo tomáramos el medicamento.

Lori y yo chocamos los vasos como lo hubiéramos hecho en un bar e inclinamos la cabeza hacia atrás para ingerir el medicamento. En ese mismo momento desperté del sueño por el sonido de la fuerza del viento en nuestra habitación. Me encontraba recostado boca arriba y el viento estaba provocando que la sábana chocara con el lado izquierdo de mi rostro. Las pesadas cortinas de nuestras ventanas estaban sacudiéndose a un ángulo de cuarenta y cinco grados, lo cual permitía que la luz de la luna iluminara nuestra oscura habitación. El viento parecía correr en círculo en nuestra habitación, como un ciclón.

Todo eso me asombró y grité: "¡Auxilio!", como una niña asustada. Escuché que Lori dijo algo, pero no pude entenderlo, porque el sonido del viento era demasiado fuerte. Después de algunos momentos, el viento se calmó y nuestra habitación se oscureció de nuevo, a medida que las cortinas regresaban a su lugar y bloqueaban la luz de la luna de nuevo.

Le pregunté a Lori: "¿Escuchaste eso?". Ella dijo que me había escuchado gritar, pero que no podía moverse ni abrir los ojos, porque de mi mano salía un poder increíble y se iba a su rostro y a su cabeza inmediatamente. Lori había estado durmiendo boca abajo y mi mano derecha estaba debajo de su almohada, con la palma hacia arriba, directamente bajo su rostro, cuando comenzó a soplar el viento. Ella dijo que era como un caleidoscopio eléctrico. De mi mano salieron colores con poder que se sentían "embriagadores", y la habían abrumado por completo. Aunque ella nunca había consumido drogas, dijo que se imaginaba que la experiencia se sentía más fuerte que cualquier droga ilegal. Cuando yo grité: "¡Auxilio!", ella gritó: "¡Le ordeno a esto que se detenga, en el nombre de Jesús!—y después sintió añadir—, a menos que sea el Espíritu Santo".

De inmediato, me di cuenta de que todo el temor se había ido y que en ese lugar se sentía paz y gozo. Ahora también tenía la explicación de lo que el Señor haría en el servicio ese día. Aunque apenas dormí en la noche y era de madrugada, yo sabía que no podría volverme a dormir, ya que una gran emoción comenzó a revolver en mi interior. Este encuentro me llevó a experimentar un completo cambio, de ser temeroso a que nadie me detuviera. Dios derramó sobre mí su Espíritu Santo y la prueba estaba en el cambio de perspectiva y de mentalidad.

En caso de que quien esté leyendo se lo pregunte, permítame aclarar que no había ventanas abiertas en nuestra habitación esa noche y que nuestra puerta también estaba cerrada. De manera que no hay una posible explicación terrenal a la violenta ráfaga de viento que entró en nuestra habitación.

Leí de nuevo el relato del Pentecostés, en Hechos 2, después de que esto sucediera, y por primera vez me di cuenta de que dice que el "ruido" de una violenta ráfaga de viento entró en la casa en la que estaban cuando vino el Espíritu Santo. Puedo decir que si el viento de nuestra habitación hubiera sido tan fuerte como "sonó", nuestra casa habría sido fácilmente derribada. También me di cuenta de que cuando el Espíritu Santo llenó a todos los creyentes en el Aposento Alto, tuvo el mismo efecto que en mí: sus temores se fueron, con la prueba de que después de que salieron del cuarto cerrado comenzaron inmediatamente a predicar.

El plan de Dios

La reunión terminó bien aquel día y vimos que el Señor hizo cosas asombrosas en la vida de la gente. Aunque hubo más de trescientas personas en el público, yo pude hablar durante casi dos horas y en ningún momento me sentí intimidado ni asustado.

Dios tiene sentido del humor. El hecho de que Él utilizara justo las palabras que yo le había hablado a alguien más la noche anterior y más tarde las volteara y las utilizara conmigo en el sueño, me hizo pensar. Incluso utilizó lo que salió de la boca de Lori. Ella no tenía idea de lo que había dicho la noche anterior cuando declaró que lo que sentía era más fuerte que cualquier droga ilegal. Tampoco podría haber sabido lo que yo estaba soñando cuando dijo que el poder era embriagador. Era claro quién era el "Médico" de mi sueño y que Él había estado en nuestra habitación aunque yo no lo había discernido. Era obvio también que Él sabía qué "medicamento" necesitaba para ayudarme y que Él lo había enviado. Él también me hizo darme cuenta de que era de mal gusto siquiera comenzar a comparar su poder con algo tan bajo como las drogas y el alcohol.

Dios no había provocado los temores que yacían dentro de mí. Estos eran un ataque emocional del enemigo, pero cuando oré al Señor con todo mi corazón, Él utilizó la situación para soltar su poder en mi vida. Cuando lo hizo, yo terminé en un lugar o en una condición mucho mejor de lo que había estado antes de mis temores.

Del mismo modo, la perfecta voluntad de Dios no era que tuviera el accidente, pero debido a que es un Dios asombroso, Él puede hacer que algo bueno surja de lo malo. Es por ello que Romanos 8:28 dice: "Ahora bien, sabemos que Dios dispone todas las cosas para el bien de quienes lo aman, los que han sido llamados de acuerdo con su propósito". Debido a todos los milagros que rodearon mi accidente, millones de personas han podido escuchar cuan real es Él y cuánto nos ama, incluso cuando no estamos haciendo lo que debemos hacer.

Capítulo 5

Comisionado por Jesús

LORI Y YO cerramos nuestro negocio de reparación de motores a diésel, tras haber aceptado el llamado de Dios para mi vida el año siguiente al accidente. Yo no estaba físicamente preparado para llevar a cabo mi trabajo en ese momento y en lugar de contratar a alguien que lo administrara, sentimos que el Señor nos había llevado a cerrarlo. Sin ingresos y sin un seguro que nos indemnizara por el accidente de trabajo, nos acabamos nuestros ahorros en un año, lo cual sucedió en el tiempo en que salí del hospital, luego de la cirugía más delicada. Nuestra iglesia organizó un evento para recaudar fondos para nuestra familia que sumó una buena cantidad de dinero, pero teníamos tantas cuentas médicas, además de nuestras cuentas normales, que también agotamos ese dinero.

En ese tiempo cobré mi seguro de retiro para que tuviéramos dinero para vivir y no perdiéramos nuestra casa. Me dolió perder una parte, debido a la multa por retiro prematuro, pero no tuve otra opción. Sería suficiente para que viviéramos otros ocho o nueve meses, mientras duraba la terapia de rehabilitación y continuaba recuperándome. Separamos lo que necesitaríamos para los siguientes noventa días y el resto lo pusimos en un certificado de depósito. El hospital terminó otorgándonos un plan de pagos mensuales por la enorme cantidad que les debíamos, lo cual ayudó; pero en ese momento parecía como si tuviéramos que pagarles por el resto de nuestra vida.

El Señor nos dijo que comenzáramos un ministerio y nos había dado el nombre (Sweet Bread Ministries), pero no habíamos comenzado oficialmente el proceso de crear una organización sin fines de lucro de tipo 501(c)(3), por falta de fondos. En ese tiempo fue publicado mi libro, *Salvado por ángeles*, y yo tenía un contrato para comprar las primeras tres mil copias, lo cual iba a costar entre quince mil y veinte mil dólares.

Además de la casa en que vivíamos, solamente teníamos otras dos posesiones que podíamos vender para obtener el dinero que necesitábamos para comprar los libros y comenzar la organización sin fines de lucro. Una era un terreno comercial que poseíamos, el cual había estado en venta durante algunos años, pero en ese tiempo nadie estaba interesado en comprarlo.

La otra posesión era una motocicleta antigua que yo había tenido durante veinte años. Era una motocicleta original Harley Davidson 1937, la cual era rara, debido a que solamente habían producido mil quinientas y tenía todas las opciones disponibles para ese entonces. Me había tomado quince años dejarla como quería y había ganado varios premios nacionales prestigiosos con ella, una vez que la terminé. Esa motocicleta no solamente era mi posesión preciada, sino también era la conexión con mi pasatiempo de motocicletas antiguas, lo cual era mi pasión.

He de admitir que en diferentes momentos de mi vida, había pasado de estar apasionado con la motocicleta a obsesionarme con ella. Por ejemplo, en los primeros años de matrimonio, yo solía guardar la motocicleta en nuestra sala de estar todo el año, aunque teníamos un enorme estacionamiento, lo cual no hacía muy feliz a mi esposa. Le dije de manera egoísta que había tenido la motocicleta durante años antes de conocerla a ella y ambos éramos un solo paquete. Terminé dedicando cientos de horas en ella y gastando miles de dólares a través de los años, y lo último que deseaba hacer era deshacerme de ella.

Ahora el Señor me estaba diciendo que deseaba que vendiera la motocicleta para que pudiéramos pagar los libros y el arranque del ministerio. Desde el accidente, la moto había dejado de ser tan importante para mí, pero venderla continuaba siendo difícil. La anuncié y pude venderla rápidamente, ya que personas de todo el mundo me hicieron ofertas.

Utilizamos el dinero para pagar todos los honorarios estatales, federales y legales para arrancar la organización sin fines de lucro 501(c)(3), y para que nos crearan un sitio web profesional para el ministerio. También pudimos comprar un coche más nuevo que podríamos utilizar para los viajes del ministerio y pagamos los libros contratados de *Salvado por ángeles*, los cuales Lori y yo donamos directamente al ministerio más tarde. Luego, compramos todo el mobiliario para la oficina y otros artículos que necesitábamos para el ministerio, y utilizamos lo que sobró unos meses más para los gastos básicos.

La motocicleta se convirtió en la semilla que nos permitió arrancar oficialmente el ministerio, el 1 de enero de 2008. Al poco tiempo tuve mi última cirugía seria y, aunque no me encontraba en forma para ministrar en ese momento, nosotros seríamos un ministerio certificado y formal a las 12:01 a.m., el primer día del año nuevo.

Una nube de testigos

Yo decidí ayunar y orar en la vigilia de año nuevo, y terminé yéndome a dormir a las 10:00 p.m. A las pocas horas del año nuevo sucedió algo increíble en nuestro día de arranque del ministerio. Aproximadamente entre las 2:00 y las 3:00 a.m., el Señor me dio tres sueños seguidos, muy detallados, que se trataban de los últimos tiempos. Desperté y me coloqué de espaldas, reflexionando en ellos; entonces comencé a sentir la presencia sobrecogedora de alguien que me estaba mirando.

La habitación estaba negra como la boca de un lobo y yo no podía ver a Lori, pero podía escucharla respirar muy profundamente, así que supe que ella estaba profundamente dormida y que no me estaba mirando. Había algo que se parecía a un gran hoyo redondo en nuestro techo, que iba hasta el cielo. Pude ver un hermoso cielo azul y grandes nubes al fondo, y en la circunferencia, a cientos de personas asomándose y mirándome. Ellos estaban tan lejos que yo no podía verlas perfectamente claro, pero veía que su piel era de distintos colores y eran de distintas edades. También podía ver que estaban vestidos de muchos tipos distintos de telas, representando diferentes etapas de la historia, así como a distintos países.

Ellos no estaban hablando ni intentando comunicarse, sino mirando hacia el hoyo con atención. Eso me incomodó mucho. Cerré mis ojos e intenté que se esfumara, pero continuaba sintiendo su mirada. Abrí los ojos de nuevo y me di cuenta de que había más gente de la que había visto primero. Era algo bastante sobrecogedor. Cerré mis ojos de nuevo y le pedí al Señor que detuviera eso, y entonces se detuvo.

Comencé a orar y a preguntarle a Dios el significado de la visión. El Espíritu Santo me dijo inmediatamente que leyera Hebreos 11 y 12. El capítulo 11 es conocido como el capítulo de la fe, ya que explica de qué se trata la fe y cómo lució en la vida de diferentes personas a lo largo de la historia. El capítulo 12 comienza con este versículo: "Por tanto, nosotros también, teniendo en derredor nuestro tan grande *nube de testigos*, despojémonos de todo peso y del pecado que nos asedia, y corramos con paciencia la carrera que tenemos por delante" (RVR 1960, énfasis añadido).

Habían pasado solo algunas horas de nuestro arranque oficial del nuevo ministerio y el Señor me estaba haciendo saber que necesitaría fe y perseverancia para correr la carrera que Él había preparado para mí. También me estaba diciendo que muchas otras personas, una "grande nube de testigos", había pasado antes de mí y habían vencido exitosamente sus propias pruebas a lo largo del tiempo.

Esta no era la primera vez que el señor me hablaba acerca de mi fe o de mi falta de ella. Él lo había mencionado en maneras diferentes, entre ellas en sueños, uno que le compartiré más tarde, en el que Él me mostró que mi escudo de la fe (Efesios 6:16) era muy delgado y casi transparente (¡eso duele!).

Dios cultiva fe para las finanzas

Como mi esposa señaló dos días antes del accidente, una de las razones principales por las que yo no había entrado en el ministerio a tiempo completo, se debía a mi falta de fe acerca de las finanzas. Me tomó tres años, estando en el ministerio, antes de que el Señor terminara quitando ese temor de mí; pero Él había comenzado el proceso mientras me recuperaba del accidente.

Sin ingresos y teniendo que utilizar nuestros ahorros y cobrar lo poco que teníamos de nuestro plan de retiro, la seguridad económica que antes sentía, se estaba evaporando rápidamente. Yo siempre había pensado en mi Harley como una red de seguridad económica, ya que sabía que valía mucho y que si alguna vez me encontraba en una situación económica desesperada, siempre podía venderla. Ahora que la había vendido para arrancar el ministerio, esa seguridad se había ido con ella. Nuestra perspectiva económica era tan desalentadora, como lo era pensar en las grandes cantidades de dinero que debíamos y el hecho de que no teníamos ingresos.

El único bien que quedaba era un pedazo de tierra que poseíamos en Janesville, Wisconsin, que tenía todo el capital de nuestro primer hogar en él. Ya había estado en venta durante dos años para entonces, y ningún comprador serio se acercaba.

Entonces, en el correo recibí una carta de un ministerio al que habíamos donado en el pasado, diciendo que con alrededor de doce mil dólares construirían una iglesia en la India para trescientas personas y perforarían un pozo que ayudaría a toda la comunidad. Mientras leía la carta, yo creí que el Señor me decía que les enviáramos dinero para llevarlo a cabo, pero me parecía disparatado, considerando nuestra situación económica en ese momento. Cuando Lori llegó a casa, le pedí que leyera la carta, pero no le dije lo que yo creía que el Señor había dicho. Después de leerla, ¡ella me miró y dijo que sintió que debíamos enviar dinero!

La tomé de las manos y nos arrodillamos en el suelo para orar. Dije: "Señor, si deseas hacer esto, entonces necesitas vender nuestro terreno de Janesville y, para asegurarme de que eres tú, envíanos un comprador durante los siguientes siete días". Me levanté y anoté en mi diario lo que oramos, y más tarde le dije a Lori que si salía un comprador en la semana siguiente, tras no haber tenido ni uno solo en dos años, debía ser Dios.

¡A los siete días exactamente sonó mi teléfono y un hombre me preguntó si continuaba teniendo el terreno de Janesville en venta! Él dijo que estaba interesado en comprarlo tan pronto como fuera posible y que incluso pagaría lo que pedíamos. Establecimos una fecha tentativa de cierre de contrato de cuarenta y cinco días y comenzamos el proceso legal, para que pudiera cerrarse el trato.

Una vez más, me arrodillé y comencé a orar. Le agradecí al Señor por enviar a un comprador y por hacerlo dentro de los siete días, para que yo supiera con seguridad que era su voluntad que pagáramos para que construyeran la iglesia y el pozo. Le dije a Dios que tan pronto como vendiéramos el terreno y tuviera el dinero en mis manos, yo enviaría el cheque por doce mil dólares, para la iglesia y el pozo.

El Espíritu Santo, me dijo inmediatamente que no debíamos esperar, sino que debía utilizar el dinero de nuestro certificado de depósito de noventa días, el cual expiraría en dos semanas. ¡Ese era todo el dinero que teníamos en el mundo para continuar viviendo y Dios me estaba pidiendo que regalara una gran parte! Eso no era en absoluto lógico. Nosotros ya habíamos diezmado e incluso dado mucho más que un diezmo de este dinero; y además, no teníamos ingresos. ¿Qué tal si el trato del terreno se desmoronaba?

Dos semanas más tarde, cuando se venció el certificado de deposito, fui al banco y retiré lo que necesitábamos para pagar nuestros gastos durante los siguientes tres meses y puse el resto en otro certificado de noventa días. Sentí que había sido demasiado pedirnos doce mil dólares de la pequeña cantidad que teníamos para vivir en adelante, y la gente de la India debía esperar unas semanas más para obtener el dinero que necesitaban, hasta que vendiéramos el terreno.

En cuestión de días, recibí una llamada diciendo que el

financiamiento del comprador no había sido aprobado. Una parte de mí estaba aliviada de que no habíamos enviado dinero a la India, y otra parte de mí estaba preocupada por no haber sido completamente obediente. Yo había justificado mis acciones al pensar que haría lo que Dios me pidiera, tan pronto como vendiéramos el terreno. Además, ¿qué diferencia harían unas cuantas semanas?

Un mes después, escuchamos que una grande planta manufacturera, el empleador más grande de la región, estaba cerrando en Janesville, donde se encontraba nuestro terreno. Pronto después de que eso sucediera, muchas industrias sustentadoras y otros negocios comenzaron a cerrar en el área, ya que la economía local se derrumbó en un corto periodo de tiempo.

Cinco meses después, llamó el posible comprador y dijo que continuaba intentando obtener el crédito en otro lugar, pero que necesitaría la tasación actual de la tierra para continuar. Después de terminar la tasación, nos dimos cuenta de que el valor de nuestro terreno había caído más de veinte mil dólares, porque esa era una propiedad comercial y los precios de terrenos comerciales cayeron excesivamente, debido a todos los negocios comerciales que estaban cerrando en la zona. El hombre volvió a llamar y dijo que debíamos volver a poner en venta el terreno por medio de un agente de bienes raíces, ya que él no había podido obtener el crédito para el proyecto y ya no estaba interesado.

No necesito decir que yo me sentía extremadamente decepcionado de que nuestro terreno valiera veinte mil dólares menos y de que nuestro posible comprador ya no lo deseara. Días después, mientras me encontraba orando, el Señor me dijo que si yo hubiera confiado en Él y enviado los doce mil dólares cuando Él me dijo que lo hiciera, el trato no se habría desecho. Pero debido a que no lo había hecho, ahora me iba a costar veinte mil dólares más. Fue una lección de veinte mil dólares y debido a que sabía cuan importante me era el dinero, Él sabía que eso me molestaba demasiado, así que esperaba que yo aprendiera de ello.

Él continuó diciendo que deseaba que fuera al banco y retirara nuestro actual certificado de depósito, y que enviara los doce mil a la iglesia y el pozo en ese momento, como me había dicho antes que lo hiciera. Él me recordó que esa era una prueba y también lo que había sucedido la última vez que no hice lo que me pidió.

Esta vez me fue mucho más difícil por muchas razones. Nuestro certificado no había expirado en ese momento y si lo cobraba, yo sabía que habría una multa económica. Más importante aún, los doce mil eran la mitad de lo que teníamos para vivir en adelante, ¡y en ese momento no teníamos una fecha de cierre para vender el terreno, ni siquiera un comprador interesado o que pudiera obtener un crédito!

Yo luché con la decisión durante once días, antes de ir al banco a retirar el certificado, para enviar el cheque de doce mil dólares. Al día siguiente, el posible comprador que nos había dicho que ya no estaba interesado, llamó y dijo que había cambiado de opinión y que había encontrado una manera de pagar el terreno; ¡y lo quería tan pronto como fuera posible! De manera interesante, terminamos cerrando el trato por el terreno once meses después de haber recibido la carta que pedía los doce mil dólares.

Depositamos el cheque en nuestra cuenta y decidimos que después de que quedara libre, utilizaríamos la mayor parte para nuestro actual préstamo hipotecario, como siempre lo habíamos planeado; y utilizaríamos el resto para nuestros gastos básicos.

Una prueba mayor

Una vez que tuvimos disponible el dinero, le dije a mi esposa que expidiera un cheque por la mayor parte de la cantidad para que la aplicaran a nuestro préstamo hipotecario. El Espíritu Santo me dijo inmediatamente que no lo hiciera, de manera que le dije a Lori que esperara. Los días se convirtieron en semanas, pero continuábamos sin sentir que Dios nos permitiera pagar nuestra hipoteca, por alguna razón que desconocíamos.

Entonces un día, el Espíritu Santo me dijo que me probaría de nuevo en el área de las finanzas, pero el riesgo sería mucho más alto esta vez. En poco tiempo, el Señor nos puso a Lori y a mí en el corazón que pagáramos el edificio de un orfanato en un país tercermundista. Cuando oramos acerca de cuánto debíamos dar, ambos recibimos la misma cantidad, lo cual era 60% del total que habíamos recibido por el terreno. Le pedimos al Señor que nos diera detalles, ya que no sabíamos dónde debíamos construirlo o con quién debíamos trabajar. En ese momento, no le habíamos dicho a nadie lo que sentíamos que el Señor nos estaba llevando a hacer.

Algunas semanas más tarde, un amigo nos invitó a su iglesia para escuchar a un evangelista itinerante. Esa noche, el hombre mencionó que su ministerio cuidaba a huérfanos en Honduras, pero la ubicación donde se encontraban era peligrosa y la comunidad no los deseaba ahí. Él continuó diciendo que también poseían un terreno vacante en el campo y esperaba construir un nuevo orfanato ahí, pero no tenía el dinero para hacerlo.

Lori y yo le preguntamos al hombre, después del servicio, si podíamos saber cuánto costaría construir el orfanato en su terreno en aquel país. Él dijo que ya habían esbozado los planes y obtenido una estimación de costos, por lo que ya sabía una cantidad aproximada. Cuando nos dijo el costo, ¡era la misma cantidad que el Señor ya nos había dicho que debíamos dar para construir un orfanato, dos semanas antes!

Oramos un poco más para asegurarnos. Después de obtener confirmación, nos encontramos con el hombre y le dimos un cheque con la cantidad que necesitaba para construir el orfanato. Después de la última vez que Dios me dijo que diera y yo me había tardado, lo cual me había costado veinte mil dólares, yo no deseaba posponerlo esta vez y perder más, ahora que los números eran mucho mayores y que Dios me había advertido tan claramente.

Asumí que ahora utilizaríamos la mayor parte de lo que había quedado para nuestra hipoteca actual. Pero el mismo día que expedimos el cheque para el orfanato, el Señor me dijo que invirtiéramos el resto en dos cosas específicas. Incluso nos dijo la misma cantidad a Lori y a mí de cómo debíamos separar el dinero para las dos inversiones. Aunque todavía no hemos retirado el dinero de esas dos inversiones, puedo decirle ahora que esas dos inversiones han duplicado su valor. También puedo decirle que si las cobráramos ahora, asombrosamente, habríamos recuperado el dinero que dimos para construir el orfanato. Por favor, comprenda que no estoy compartiendo esto para alardear, ¡sino para darle un ejemplo de cuan fiel y asombroso es Dios! Cuando somos obedientes a lo que Él nos ha pedido que hagamos, incluso si nos da temor o no nos parece lógico, Él nos cuidará y nos bendecirá en muchas maneras.

Al pasar del tiempo, el Señor continuó mostrándose fielmente mes tras mes en nuestras finanzas, y mi nivel de ansiedad comenzó a bajar lentamente con esta cuestión de estar en el ministerio a tiempo completo.

El llamado de Dios es confirmado

La otra área con la que luché fue en confiar o estar seguro de que Dios podía utilizar a alguien como yo para llevar a cabo un ministerio eficaz. Yo conocía mis defectos y mis errores, y simplemente no era coherente que Él me eligiera para ser ministro. Yo no me sentía suficientemente digno de representarlo y definitivamente no creía poder llevar a cabo el trabajo adecuadamente, ni poder hacer suficiente para marcar una diferencia.

El Señor comenzó a darme muchos sueños que hablaban directamente del problema. En un sueño, me encontraba sacando de mi "casa" bolsas realmente malolientes y asquerosas de "basura", y más tarde iba a la "casa de mi vecino" para ayudarlo a deshacerse de su "basura" desagradable y podrida. En lugar de llevar la basura al final de la calle para que la recogieran, como lo hace la mayoría, yo llevaba las bolsas de basura al final de un muelle y las arrojaba a un río. Después, permanecía ahí, mientras una enorme ola de "agua" cristalina azul corría por el río y se llevaba cada pedazo de "basura".

El Señor claramente me estaba mostrando que después de deshacerme de la "basura" de mi vida, Él me utilizaría para ayudar a otras personas a deshacerse de la "basura" de su vida. Jesús se llamó a sí mismo el "agua viva"; y la Biblia dice que Él fue enviado para llevarse los pecados del mundo, de manera que obviamente este es el significado de la ola que se lleva la "basura".

En otro de mis sueños, había una enorme red vertical en el mar que tenía boyas en la parte superior y pesas en la parte inferior. Era muy larga, tan larga que no se podía ver el final. Cuando desperté, el Señor me habló y simplemente dijo: "Te he hecho un pescador de hombres". Una vez más, el Señor me estaba recordando lo que Él me había llamado a hacer.

Comencé a orar y le pregunté al Señor cómo sería en realidad el ministerio cuando arrancara y qué tipo de impacto tendría. Una noche, el Señor me mostró un mapa mundial y cada continente estaba oscuro, con excepción de una raya muy visible de los colores del arcoíris que recorría el perímetro de cada masa continental. Cuando desperté, le pedí al Señor la interpretación del sueño. Él me recordó que en la Biblia, el arcoíris significa una promesa (Génesis 9:12–17). El Espíritu Santo, entonces, me hizo hincapié en que Dios me estaba haciendo la "promesa" de que este ministerio impactaría a cada uno de los continentes del mundo. Este fue el comienzo de la realización de una promesa de Dios para mí.

Un Viernes Santo, mi familia y yo vimos la película *La pasión de Cristo,* y a mí me conmovió demasiado. El alcance y la influencia de nuestro ministerio estaban creciendo rápidamente y yo deseaba asegurarme que, debido al gran precio que Jesús pagó por mí, yo estaba haciendo todo lo que Él deseaba que yo hiciera. Cuando me fui a dormir esa noche, le pedí al Señor que me diera un sueño o una visión que me mostrara lo que Él deseaba para mí.

Me desperté varias veces aquella noche y cada vez oré con desesperación, pero no estaba obteniendo nada de Dios. Finalmente clamé: "Señor, por favor muéstrame lo que deseas que haga". Instantáneamente recibí una visión en la que me encontraba junto a un hermoso muro de piedra sosteniendo un gran pincel. Yo tenía una cubeta de lo que parecía ser pintura blanca que estaba aplicando al muro de piedra, pero en lugar de pintura blanca, parecía jabón.

Permanecí a cierta distancia y miré el área que acababa de pintar, cómo el líquido "afectaba" la pared y, más tarde, se secaba. El área en la que acababa de trabajar, ahora brillaba y relucía, comparada con lo que la rodeaba. Le pregunté al Señor qué significaba y me dijo que el "muro de piedra" significaba las piedras vivientes que forman el Cuerpo y la solución blanca era la verdad pura. Yo debía aplicarle la verdad a la Iglesia y esta sería lavada, rejuvenecida y revitalizada. Debía ayudar a preparar a la novia para el Novio. Ahora me daba cuenta de que el muro era mucho más grande de lo que había percibido y que estaba dividido en secciones. El Señor me dijo que debía aplicarle la verdad a una sección o a una iglesia o área geográfica a la vez. La sencilla visión me dio la dirección que yo había pedido, pero continué orando al Señor para recibir más dirección.

Comisionado por Jesús

En noviembre de 2009, me encontraba en un viaje corto, ministrando en la parte rural de la región central de los Estados Unidos. Hablé en cuatro lugares distintos, en tres estados, durante tres días. Los servicios nocturnos duraban varias horas, y en ellos veíamos al Señor salvar, sanar y liberar a la gente durante el tiempo de oración. Debido a que tenía que viajar de un estado a otro entre servicios y debido a los largos servicios, al comienzo del cuarto servicio, yo ya me sentía físicamente cansado.

No solamente eso, sino que en cada uno de los primeros tres servicios, algo no marchaba bien o sucedía algo, y yo me sentía muy desanimado. Cuando llegué al último lugar, me dirigí a la iglesia para prepararme para el servicio y le pregunté a uno de los ancianos si el pastor ya había llegado. Él me dijo que el pastor no asistiría, lo cual era extraño, ya que normalmente el pastor siempre está presente la primera vez que hablo en una iglesia.

Descubrí que el pastor no estaba presente, debido a que no estaba a favor de que yo hablara en la iglesia. Él no creía que Dios continuara hablándole a la gente en la actualidad a través del Espíritu Santo o que continuara sanando a la gente en la actualidad; y debido a que mi testimonio corresponde con ambas cosas, él estaba en contra de ello. Uno de los líderes de la iglesia había arreglado la reunión como un evento de la comunidad y, aunque al pastor no le gustara, lo había permitido, debido a que este líder tenía mucha influencia en la iglesia y la comunidad.

Esta fue la gota que derramó el vaso y yo ya anhelaba que terminara ese viaje, para poder regresar a casa. Desde que me involucré en el ministerio, nunca había tenido una serie de servicios en que me sintiera tan aporreado. Es posible que haya habido un servicio que otro que no funcionara de la manera deseada, pero tener cuatro servicios seguidos y tan abrumadores, era demasiado.

Di mi testimonio y al final del servicio, llamé a la gente a que pasara al frente para recibir oración. Aquella era una iglesia denominacional que nunca hacía ese tipo de cosas, de manera que esto era algo fuera de la norma y no estaban acostumbrados a ello. Pocas personas pasaron al frente, las cuales más tarde supe que eran visitantes de otras iglesias. Cuando estaba a punto de comenzar a orar por cada una de ellas, el Espíritu Santo me dijo que me detuviera. Él deseaba que alguien más orara. Cuando le pregunté al Señor quién, Él señaló a un hombre que se encontraba en la fila trasera de la iglesia. Lo llamé a que se acercara y le pedí que orara.

Esta iglesia se encontraba en un pequeño pueblo en el corazón de la región central. Hasta ese momento, yo no me había dado cuenta de que todas las personas eran blancas, excepto el hombre que acababa de llamar a orar, quien era de color. ¡Resultó que el señor no era de ese pueblo! Cuando comenzó a orar por las personas, el Señor comenzó a darle palabras de conocimiento muy precisas. Era claro que Dios no solo lo estaba utilizando poderosamente, ¡sino que también estaba causando una impresión con respecto a los problemas raciales, los cuales están presentes incluso en las iglesias! Después de que terminó de orar por las primeras personas que habían pasado al frente, yo invité a más personas a que pasaran al frente para recibir oración, pero nadie lo hacía.

Cerré el servicio y les dije que podían retirarse. De nuevo anuncié que quien todavía tuviera necesidades de oración o estuviera hambriento de más de Dios, debía quedarse, porque creía que el Señor deseaba llevar a cabo algo en esa iglesia. Inmediatamente, más de la mitad de la gente se levantó y se marchó. Le pregunté al Señor qué deseaba que hiciera entonces. Él me dijo que llevara una silla hacia el frente de la iglesia y la colocara entre las dos hileras delanteras, en medio del pasillo.

Tras colocar la silla en su lugar, el Señor hizo que llamara a quien tuviera dolor de espalda. Se necesitó un poco de convencimiento, pero finalmente pude reunir a un grupo de quince personas para que pasaran al frente y se formaran detrás de la silla. Les expliqué que después del accidente, los médicos me dijeron que jamás podría levantar algo de más de diez libras, por causa del daño muscular y vertebral que había sufrido.

Al poco tiempo del accidente, mientras debía permanecer en reposo, mi esposa salió a comprar la despensa y yo me escapé al estacionamiento y comencé a limpiar el suelo. Había algunas hojas debajo de mi Harley y, cuando intenté moverla, mi espalda se jaló y ya no pude sentir nada más que una sensación abrasadora en la parte inferior de mi cuerpo. Literalmente tuve que arrastrarme por el suelo y esperar que regresara mi esposa.

Cuando regresó a casa, ella deseaba llevarme a la sala de emergencias inmediatamente, pero yo la convencí de que en vez de ello, me ayudara a ir a la habitación. Llamé a Bruce Carlson, el hombre que había orado por mí cuando me crecieron los intestinos, y le pedí que orara de nuevo. Él me dijo que me sentara en una silla y que Lori sostuviera mis piernas paralelas con respecto al suelo. Me dijo que una de mis piernas luciría más larga que la otra a la altura del talón y que ella debía ordenarle a la pierna que creciera, en el nombre de Jesús; y más tarde ordenarle a mi espalda que fuera completamente sanada, en el nombre de Jesús.

¡Fui instantáneamente sanado cuando lo hizo! No solamente desapareció el ardor y la insensibilidad, sino también regresó toda la fuerza. De hecho, los médicos terminaron quitando el tope de peso de diez libras que según habían dicho, sería permanente, cuando vieron que mi espalda había sido completamente restaurada.

Le declaré a la gente que si Dios lo había hecho en mí, Él lo haría en ellos también. Le pedí a la primera persona del grupo con dolor de espalda que se sentara en la silla. Sostuve sus piernas, como Lori lo había hecho conmigo, y le ordené a la pierna que creciera y a la espalda que fuera sanada, en el nombre de Jesús. Ella fue sanada inmediatamente y comenzó a alabar a Dios con entusiasmo.

Más tarde, le pedí a la siguiente persona de la fila que se sentara en la silla; pero en lugar de que yo orara por ella, le dije a la mujer que acababa de ser sana que orara. Una vez más, la siguiente persona fue sanada instantáneamente y ambas comenzaron a alabar a Dios en voz alta.

Algunas otras personas de la multitud se levantaron y se marcharon en ese momento, pero aquellas que permanecieron en el lugar, pasaron al frente para poder ver con sus propios ojos lo que estaba sucediendo. A medida que cada persona oraba por la siguiente y que el Señor continuaba sanándolos, cada vez más de la treintena de personas que permanecían en la iglesia comenzaron a entusiasmarse y a alabar a Dios en voz alta. Al poco tiempo, ¡todo el grupo estaba gozándose y glorificando a Dios! Más tarde, algunas personas me dijeron que en los años que llevaban asistiendo a esa iglesia, nunca había sucedido algo así.

El Espíritu Santo me llevó hacia el lado derecho de la iglesia, lejos del grupo, tan pronto como comenzaron a orar unos por los otros. En algún momento, alguien cortó un gran hueco en el muro de la iglesia y construyó un pequeño espacio, suficientemente grande para albergar un piano. También habían removido la hilera delantera de ese lado de la iglesia y habían colocado una sección contra el muro trasero de este pequeño espacio, detrás del piano.

Yo iba de un lado a otro, cerca de ese espacio, mientras oraba solo; cuando de pronto, el Espíritu Santo me dijo que entrara en esa pequeña sala de piano. Tan pronto como atravesé el umbral, ¡instantáneamente vi que Jesús estaba sentado en la banca detrás del piano! Aunque no podía verlo claramente, porque estaba cubierto de luz, cada molécula de mi cuerpo sabía por instinto que era Él. Sin pensarlo, inmediatamente me coloqué en el suelo en una postura de adoración, con la frente sobre la alfombra.

En seguida dijo: "No, ven a sentarte junto a mí". Obedecí, me levanté del suelo y me senté junto a Él en la banca. Ambos estábamos mirando sobre la superficie del piano, hacia el grupo de personas que estaban gozándose y alabando a Dios en voz alta, enfrente de la iglesia. Con su mano derecha señaló al grupo y dijo: "Observa. Ellos ni siquiera se han dado cuenta de que no estás ahí". Su comentario me hirió un poco, pero después me dijo que eso lo hacía feliz. Era exactamente lo que Él deseaba: gente ordinaria orando unos por otros y dándole toda la gloria a Dios. Él continuó señalando al grupo y dijo: "Eso es lo que deseo que hagas: ir a lugares y encender fuego por Dios en el corazón de la gente, el Espíritu Santo continuará obrando en la vida de la gente de la misma manera en que una chispa puede comenzar un incendio que se sale de control". Terminó con estas palabras antes de desaparecer: "Ellos no necesitan al evangelista superestrella; ellos necesitan la verdad. Yo deseo responder sus oraciones".

Salí del cuarto de piano asombrado por lo que acababa de suceder. El profundo desánimo que sentí al principio del servicio, ahora era un recuerdo distante. Entonces, el Espíritu Santo me recordó que faltaba menos de una hora para celebrar el tercer aniversario de mi accidente. Yo había olvidado por completo qué día era. Me asombró pensar acerca de cuántas cosas habían cambiado en tres años: del diagnóstico de muerte a la salud, de ser un mecánico a ser un ministro y del temor a la fe.

Me tomó un tiempo procesar lo que sucedió esa noche. De hecho, al día siguiente mientras íbamos en el viaje de siete horas de regreso a casa, lloré sin control durante varias horas, mientras el poder y la presencia de Dios llenaban el coche una y otra vez a medida que reflexionaba en los acontecimientos de las noches anteriores. Seguí agradeciéndole de corazón; aunque no podía ver al Señor como lo había visto la noche anterior, sí podía sentirlo y sabía que Él estaba ahí. Me di cuenta de que si lo veía o no, no habría mucha diferencia; y su promesa de que nunca nos dejaría ni nos abandonaría, adquirió un nuevo significado para mí (Hebreos 13:5).

Pronto reconocí que después de aquella noche, la manera en la que pensaba acerca de muchas cosas cambió. En primer lugar, mis constantes dudas acerca de que Dios me pudiera utilizar y lo que Él deseaba para mí en este ministerio, finalmente fueron sofocadas. Tenía una fe recién descubierta en mi llamado y en lo que debía llevar a cabo.

La otra cosa fundamental que Lori y yo descubrimos fue que ¡nuestra constante lucha con las finanzas comenzó a desaparecer! Por ejemplo, al poco tiempo de que Jesús empezó a mostrarse en la iglesia, el hospital terminó cancelando completamente nuestra enorme deuda, lo cual es casi inaudito. Las ofrendas que estaban entrando al ministerio también comenzaron a incrementar a lo largo de los meses siguientes, al punto en que pudimos pagarnos un salario que pudiera cubrir nuestras cuentas personales, así que ya no tendríamos que preguntarnos de dónde provendría el dinero que necesitábamos.

Dios es nuestro proveedor, sustentador y director

Para repasar, en los primeros dos años después del accidente agotamos todos nuestros recursos económicos, con excepción del terreno comercial que poseíamos. A principios de 2009, vendimos ese terreno y el Señor nos dijo que donáramos gran parte del dinero para construir el orfanato. Entonces invertimos el resto de ese dinero como Dios nos dirigió, donde ya no era dinero líquido y no teníamos manera de utilizarlo o tener acceso a él. El Señor nos dijo entonces, que comenzáramos a tomar un pequeño salario mensual del ministerio. No era suficiente para pagar nuestras cuentas mensuales personales, pero el Señor prometió que nos proveería mes tras mes. Lo hicimos y de alguna manera, Él proveía milagrosamente nuestras necesidades cada mes. Nunca le pedimos dinero a nadie, ni tuvimos que pedir préstamos bancarios para pagar nuestras cuentas. Entonces, finalmente, en nuestro cuarto aniversario, pronto después del encuentro con Jesús, comenzamos a obtener un salario que podía mantenernos.

Cuando miro en retrospectiva, puedo ver claramente que cuando requería obtener fe para nuestras finanzas, yo tenía que ir a un lugar donde no habría un plan B ni una red de seguridad. En el momento en que ya no quedaban reservas ni lugares hacia dónde acudir, me vi forzado a entregarle a Dios el papel de proveedor de mi familia. Al someter la responsabilidad al Señor, Él proveería soberanamente para mi familia. Esto es lo que Él desea que comprendan todas las personas, especialmente los cristianos. Él es nuestro proveedor y la única fuente verdadera de todo lo que necesitamos y lo que poseemos.

Dios no utilizó mis problemas económicos y tampoco es la causa de las crisis económicas que posiblemente usted ha tenido. Él pudo utilizar esta situación en mi vida para enseñarme que podía confiar en Él, y esa lección es mucho más valiosa que cualquier posesión terrenal. Vimos que nuestra fe creció al orar por la diaria provisión y el Señor siempre se mostró. La edificación de esta fe o confianza, no estaba limitada a nuestras finanzas, sino que abarcaba todas las áreas de nuestra vida, incluyendo lo que Dios nos había llamado a hacer.

Yo continuaba teniendo mi equipo y mis herramientas, de manera que cuando me recuperé físicamente, pude haber regresado a mi negocio. El Señor había dicho claramente que Él ya no deseaba que fuera mecánico y que ahora debía trabajar solamente para Él. Había personas en nuestra vida que no comprendían esto o que no estaban de acuerdo con ello, pero nosotros sabíamos lo que el Señor nos había dicho. Permítame decirle que Él llama a todas las personas a llevarlo a cabo; de hecho, la mayoría de los cristianos están llamados a servir a Dios en aquello a que se dedican. Se debió a un llamado específico para mi vida y a que yo tenía algunos problemas de confianza profundamente arraigados que el Señor necesitaba desaparecer en mí, que se me requirió andar en este caminar radical de fe.

Cada persona, incluyéndolo a usted, tiene un llamado de Dios para su vida. Cuando usted le pida que lo guíe en Él y que le muestre cuál es su llamado, Él lo hará, tal como lo hizo conmigo. Algunas veces pasamos por momentos desalentadores y pruebas difíciles, mientras estamos haciendo lo que deberíamos hacer; ¡pero podemos creerle a Dios y siempre estar seguros de que si el Señor dice que Él está con nosotros siempre, es verdad, lo podamos ver o no (Mateo 28:20)!

Parte dos

Las cinco armas para la victoria sobrenatural

Parte dos

Las cinco armas para la victoria sobrenatural

E N 2010, MIENTRAS nos encontrábamos en la etapa de planeación de este libro, yo sabía que el libro tenía que estar lleno de testimonios. Busqué la dirección del Señor con respecto al contexto exacto en que debían estar enfocados y en cómo deseaba que los presentara.

Un día en la iglesia, un amigo llamado Earl, se acercó y me dijo que en las semanas anteriores, cada vez que oraba por mí y el ministerio, escuchaba el número cinco. Dijo que había dudado en decírmelo, porque parecía demasiado insignificante, pero cada vez que me veía, el Espíritu Santo le traía convicción por no decírmelo. Le pregunté si el Señor le había dicho algo más. Dijo que no. Él se alegraba de que por lo menos ya lo había descargado. Se sintió liberado, aunque eso no fuera coherente para él.

Mientras él continuaba ahí, otro amigo mío llamado Todd, se acercó a nosotros. Todd viaja conmigo algunas veces cuando estoy fuera por el ministerio y yo sé que él pasa varias horas al día en oración. Dijo que el Señor le había dado una palabra para mí esa mañana sobre la historia de David y Goliat, ¡y que tenía que ver con el número cinco!

A Earl se le comenzaron a salir las lágrimas inmediatamente, ya que ahora sabía que había escuchado bien al Señor y había hecho lo que debía de hacer (ahora sería un buen momento para que usted lea 1 Samuel 17:1–51).

El Señor le dijo a Todd que me recordara que Él le pidió a David que recogiera cinco piedras del arroyo, pero solamente utilizó una para matar al gigante. Él también me recordó que David terminó enfrentando a cinco diferentes gigantes en su vida. Todd entonces metió la mano en su bolsillo, sacó una pequeña bolsa con cinco piedras y me la dio. El Señor le dijo que debía dármelas, ya que representaban algunas verdades centrales, y si yo le pedía revelación, Él me la daría.

Oré y ayuné durante los siguientes días y fue entonces cuando el Señor me dio el bosquejo y el mensaje central de este libro. Dios comenzó a mostrarme algunas verdades proféticas del relato de David y Goliat, y de la vida de David que no había visto antes. Él también me mostró que los cinco milagros principales que han sucedido en mi propia vida son un ejemplo de estas verdades. Siempre me fascina que no importa cuántas veces hayamos estudiado una porción de la Escritura, el Señor siempre puede revelarnos algo nuevo. Hay muchas "capas de verdad" en las palabras de la Biblia.

Cinco piedras = Cinco armas

Los siguientes cinco capítulos se enfocarán en las cinco armas principales que Dios nos da para pelear, representadas por las cinco piedras que David recogió en el río. ¡Estas son cinco armas que soltarán el poder de Dios en su vida y sus luchas! A medida que lea, usted verá cómo funcionan, a través de varios testimonios de la vida real.

Tal como en una batalla, las armas solamente son efectivas cuando las utilizamos. Eso significa que si usted decide no creer en las promesas de Dios y ser un observador externo en lugar de un verdadero guerrero, las armas de Dios no tendrán mucho valor para usted. Si este es el caso, usted puede contar con perder muchas batallas con el enemigo y con sentirse desanimado muy a menudo.

Pero si usted, como David, elige ser un guerrero y creer en la fidelidad de Dios, ¡entonces puede saber lo que significa ser "más que vencedor" como lo declara Romanos 8:37! Recuerde que confiamos en su poder y su fuerza, no en la nuestra, de manera que no tenemos a qué temer. David sabía que, como israelita, estaba bajo un pacto con Dios y, por ello, él confiaba en Dios. Si usted es cristiano, usted también está bajo un pacto con el Dios vivo, pero su pacto es incluso mejor que el de David, porque es un pacto de gracia y no bajo la Ley.

Tras investigar un poco, encontré algunos lugares donde decía que el número cinco significa gracia en la Biblia. La gracia es mucho más que un favor no merecido y el perdón de los pecados que lleva a la salvación. En 2 Corintios, Jesús mismo dice que la gracia es su poder para nosotros. A partir de este versículo, además de otros, vemos que la gracia es lo que Dios utiliza para darle poder a su pueblo (Hechos 4:30–33).

En 1 Samuel 17:40, leemos que David eligió cinco piedras lisas de un río cercano. Está claro que todo lo que llevó a cabo aquel día fue dirigido por el Señor, de manera que esta no era una coincidencia. ¡Eso habla de la gracia y el poder de Dios sobre David, y es una profecía de lo que está disponible para todos los creyentes! ¡Debemos emocionarnos al darnos cuenta de que Dios desea darnos poder para matar a los gigantes de nuestra vida!

Al orar y ayunar al respecto, el Señor me mostró que esas cinco piedras representan un arsenal completo de las armas que Él desea otorgarnos. Él sabía que estaríamos involucrados en una batalla contra los gigantes de esta vida. Él también sabía que necesitaríamos una variedad de armas para ser victoriosos. Tal como los soldados de un ejército en la actualidad necesitan un arma corta o una de largo alcance, un arma para los combates mano a mano o una para pelear por mar, etc.; nosotros también necesitamos una variedad de armas para poder pelear con eficacia.

Sería imposible que pudiéramos recoger cinco piedras idénticas en un río, así que las piedras que eligió David aquel día, no eran del mismo tamaño. Aunque probablemente eran muy similares, estas debieron haber tenido formas y tamaños distintos que representaban las diferentes armas que el Señor nos da para pelear. Lo único que la Biblia dice de ellas es que todas eran lisas. Sabemos que las piedras del río son lisas, porque el agua corriente combinada con el entorno abrasivo, las ha moldeado así durante el tiempo. Esto también es profético, ya que las piedras lisas representan las armas que Dios, el agua viva, ha moldeado para nosotros con el tiempo en el entorno abrasivo de este mundo.

Segunda de Corintios 2:11 afirma que no ignoramos las artimañas del diablo. En otras palabras, en la Biblia podemos aprender cómo opera Satanás y cuáles son sus tácticas. Una de las cosas que vemos es que él desea ser como Dios y a menudo intentará imitarlo o copiarle (2 Corintios 11:13–15). Por esta razón, él tiene cinco herramientas principales que utiliza contra nosotros y que corresponden con las cinco armas que nosotros tenemos de Dios. Veremos que cada una de las herramientas que Dios nos da está designada para vencer la herramienta contraria del enemigo. Ninguna de las listas pretende ser un inventario exhaustivo, sino solamente discutiremos las que parecen ser las herramientas principales utilizadas.

Las armas divinas

Cuando David venció a Goliat, él no utilizó una espada o una lanza como se esperaba o como era común en la guerra en ese tiempo. Dios deseaba que todos supieran que Él es quien salva. Segunda de Corintios 10:4 dice: "Las armas con que luchamos no son del mundo, sino que tienen el poder divino para derribar fortalezas". De nuevo vemos que Dios le otorga poder a su pueblo con armas que no son de este mundo que demolerán a los gigantes de su vida y de la vida de los demás.

Debemos recordar con quién estamos peleando en realidad cuando enfrentamos luchas en este mundo. Efesios 6:10–18 nos dice que no estamos luchando contra carne y sangre, sino contra jerarquías de fuerzas malignas que son enviadas para ir contra nosotros mientras estemos en esta Tierra. Esto quiere decir que nuestra lucha debe ser intencionada al pelear "la buena batalla" de la fe (1 Timoteo 1:18–19).

Pero esta es la buena noticia: ¡Colosenses 2:15 nos dice que Jesús desarmó a nuestros enemigos! Aunque algunas veces parezcan persistentes y sobrecogedoras, necesitamos recordar que Dios nos dio armas y se llevó las suyas. Es posible que el diablo y sus secuaces tengan planes y tácticas, pero no tienen armas.

El Señor dice en Oseas 4:6: "Pues por falta de conocimiento mi pueblo ha sido destruido". El Dios vivo desea que sepamos cuáles son estas armas divinas y sobrenaturales que nos ha proporcionado, ¡para que podamos tener una vida victoriosa y que las tácticas del enemigo no nos destruyan!

Como dice Efesios 6:10–11, debemos fortalecernos con el gran poder del Señor, para que podamos hacer frente a las artimañas del diablo.

¡La victoria sobrenatural es nuestra, porque hemos recibido armas que soltarán el poder de Dios en nuestra vida!

Capítulo 6

La obra de la Palabra

Los demonios son expulsados y el engaño es demolido

E N EL PRIMER año oficial de nuestro ministerio recibí una llamada de emergencia, temprano en la mañana, de parte de un pastor de una iglesia denominacional local. Me preguntó si yo podía asistir con él a una visita de emergencia a la casa de unas personas que creían que algunos espíritus malignos los estaban acosando. Estas personas acababan de aceptar a Jesús en su corazón y solamente habían asistido pocas veces a la iglesia como creyentes. El pastor dijo que no tenía mucha experiencia con este tipo de fenómeno, pero a partir de lo que la pareja le había explicado, sintió que había algún tipo de ataque espiritual.

Ellos, recientemente, habían comenzado a escuchar ruidos extraños en su casa, como si hubiera otras personas presentes, pero no había nadie. Experimentaron de todo, desde puertas que se abrían y se cerraban, hasta pasos o luces apagándose y prendiéndose, e incluso otro tipo de sucesos. Pero lo peor no eran las manifestaciones físicas, sino la fuerte presencia maligna que podían sentir acompañando a estos incidentes.

La noche antes de que llamaran, las cosas habían pasado a otro nivel. En lugar de escuchar o ver cosas, ambos se sintieron físicamente atacados a medida que los eventos se dispararon en su casa. En primer lugar, el esposo sintió literalmente que algo maligno lo había tocado e inmediatamente sintió una terrible jaqueca y náuseas. Ambos se asustaron demasiado, de manera que la esposa abrió su Biblia y comenzó a leer en voz alta para tranquilizarse. El punto en el que "por casualidad" comenzó a leer, pertenecía al relato en que Jesús estaba echando fuera a un demonio. Mientras ella leía el relato en voz alta, su esposo mejoró instantáneamente.

La mujer comenzó a escribir algunas de las cosas que estaban sucediendo. Cuando lo hizo, ella sintió que una presencia maligna comenzó a presionar su pecho tan fuertemente que le costaba respirar. En ese momento, ambos se asustaron tanto que huyeron de la casa hacia una tienda que tenían en su propiedad y pasaron ahí la noche. Entonces pidieron ayuda temprano por la mañana.

Cuando llegamos, ambos lucían muy agitados ya que no sabían qué estaba sucediendo o por qué estaba sucediendo. La mujer continuaba sintiendo la presión en su pecho. Yo intenté tranquilizarlos haciéndoles saber que esa no era la primera vez que había visto esa clase de cosas y que oraría por ellos y por la casa, y que todo estaría bien. Debido a que eran nuevos creyentes, pensé que lo mejor sería darles un poco de enseñanza e instrucción de la Biblia antes de orar. Yo deseaba que supieran lo que estaba sucediendo, lo que íbamos a hacer y por qué funcionaría.

Tomé un pequeño pedazo de papel que tenía en mi Biblia, con una lista de alrededor de veinte versículos diferentes. (Había reunido estos versículos algunos años atrás para otra situación similar). Comencé por la primera parte a leer los versículos en voz alta uno a uno, y después dando una explicación breve acerca de cada uno. Cuando leí el sexto versículo de la lista—Juan 8:36: "Así que si el Hijo los libera, serán ustedes verdaderamente libres"—sucedió algo asombroso. La mujer suspiró fuertemente y comenzó a desvanecerse como si fuera a desmayarse.

Le pregunté qué había sucedido. Ella dijo que cuando leí el versículo, sintió como si hubiera sido golpeada por luz. La presión que sentía en su pecho se había ido inmediatamente y ahora podía respirar normalmente. Ella continuó diciendo que se sentía tan ligera que literalmente sentía que flotaba. El temor los dejó a ambos instantáneamente. Ahora estaban relajados y con paz, como si se hubieran dado cuenta de que solo habían sido engañados para creer la mentira de que necesitabar enemigo. ¡La verdad los había hecho libres!

Para ser honesto, en ese momento, lo que suced por sorpresa. En mis experiencias pasadas con ei que miento de opresión demoníaca, siempre lo había logrado con mucha oración y algunas veces con ayuno. Esta vez, simplemente se llevó a cabo con la lectura de la Biblia en voz alta. Sucedió primero cuando la esposa leyó la Biblia y su esposo recibió un alivio inmediato. Y sucedió de nuevo cuando yo leí los versículos en voz alta y ella fue liberada instantáneamente.

Lo que el Señor nos estaba mostrando claramente en ambos ejemplos era que la Palabra de Dios es un arma; y no solamente cualquier arma antigua, ¡sino un arma poderosa!

Las claves de la Biblia

A medida que comencé a estudiar este concepto en la Biblia, me di cuenta de que de alguna manera inconsciente, yo le había restado importancia al poder que se encuentra en la Palabra de Dios o que lo había minimizado. Sé que Dios nos habla de sí mismo en los versículos de la Biblia y de lo que podemos esperar en esta vida, además de darnos dirección. Yo creía que cada palabra era verdadera y que tenía la capacidad de impartir sabiduría a aquellos que seguían sus preceptos y sus enseñanzas. Incluso decía que la Palabra de Dios posee la autoridad final de todo lo que sucede en nuestra vida, pero no me daba cuenta del potencial o la capacidad que tiene para ser utilizada como un "arma", en nuestras luchas diarias.

La mayoría de los cristianos saben o les han dicho que debemos utilizar a Jesús como nuestro ejemplo principal para vivir nuestra vida; en otras palabras, debemos emularlo. La mayor parte de los cristianos también han leído o les han dicho que Jesús fue tentado por el diablo y que respondió a cada invitación con la frase: "Escrito está", antes de citar las Escrituras. Pero, ¿cuántos de nosotros podemos decir honestamente que cuando estamos siendo tentados, citamos versículos Bíblicos en voz alta como una respuesta a la tentación? ¿Cuántos estamos utilizando de verdad la Palabra como un arma?

Efesios 6:17 dice que la espada del Espíritu es la Palabra de Dios. Tome nota: no dice que es *como* una espada; dice que *es* una espada. Hebreos 4:12, nos da todavía más detalles al respecto: "Ciertamente, la palabra de Dios es viva y poderosa, y más cortante que cualquier espada de dos filos. Penetra hasta lo más profundo del alma y del espíritu, hasta la médula de los huesos, y juzga los pensamientos y las intenciones del corazón".

Necesitamos comprender que cuando este versículo dice que la Palabra de Dios es "viva y poderosa", y en otra versión "viva y eficaz" (RVR 1960), no es una exageración. De hecho, Juan 1:14 declara: "Y el Verbo se hizo hombre y habitó entre nosotros". Este versículo habla de Jesús. A lo largo del primer capítulo de Juan, Jesús es literalmente llamado el Verbo, mostrando que Él es el ejemplo perfecto y la personificación del mensaje o la palabra de Dios para nosotros. Los versículos y las palabras que encontramos en la Biblia son capaces de contener la misma naturaleza de Dios, porque provienen de Dios y son de Dios. Una vez que comencemos a pensar y a creer en estos términos, la Biblia pasará de ser un manual instructivo a ser algo mucho más poderoso.

Resultados poderosos

Una noche, tras haber hablado en una iglesia de otro estado, invité a la gente a que pasara al frente para recibir oración. Tantas personas pasaron que dividimos al grupo en dos filas, una de cada lado del santuario. Yo había traído al viaje conmigo a mi amigo Todd, de manera que le pedí que ministrara al grupo del lado izquierdo de la iglesia, mientras yo ministraba al grupo de la derecha.

Habíamos estado orando por las personas durante más de una hora, cuando de pronto el Espíritu Santo me dijo que dejara de orar y regresara a la plataforma, detrás del estrado. En ese momento, más de la mitad de la gente que se había acercado para recibir oración continuaba esperando en las filas; deje de orar y regresé al estrado. Cuando llegué, el que leyera Isaías 61:1-3.

Después de leerlo, el Espíritu Santo me dijo que volví. leer solamente la primera frase del versículo 3, pero esta vez, diciendo: "Dice el Señor: 'Yo…'". De manera que la gente escuchó lo siguiente: "Dice el Señor: 'Yo consolaré a todos los que están en duelo y a confortar a los dolientes de Sion, les daré una corona en vez de cenizas, aceite de alegría en vez de luto, traje de fiesta en vez de espíritu de desaliento'".

En el estrado, yo había colocado mis manos en las orillas de mi Biblia abierta, mientras leía. Cuando leí el versículo 3 la segunda vez, sucedió algo increíble. Sentí como si mi Biblia se hubiera convertido en un volcán, pero en lugar de echar lava y humo a borbotones, estaba emitiendo poder puro, y ese poder pasó a mis manos y a mis brazos, y salió de mi boca cuando hablé la Palabra.

Mientras declaraba la Palabra de Dios, miré que la mujer por quien estaba orando mi amigo Todd fue empujada hacia la orilla de la banca y terminó en el piso como si hubiera sido golpeada por un boxeador profesional. Todd había estado frente a ella y casi es derribado al suelo también, pero se sujetó de la banca para no caer encima de ella. Fue muy impactante ver eso, debido a que ella no era una mujer pequeña y a que Todd tampoco es un tipo bajo.

Más tarde, después del servicio, descubrí el resto de la historia. Todd dijo que el Señor había estado moviéndose poderosamente mientras él oraba y que había podido lograr un buen progreso a lo largo de la fila hasta que llegó con esta mujer en particular. Ella había pasado al frente, esperando oración contra la depresión; pero cada vez que él oraba por ella, ella no paraba de llorar suavemente y no podía recibir la liberación que Dios tenía para ella. Él continuó orando por ella y ministrándola, hasta que el Señor me dijo que regresara al estrado y leyera aquellos versículos, los cuales obviamente eran solo para ella, aunque yo no lo sabía en ese momento.

Yo había estado tan concentrado y preocupado por orar por la gente de mi fila que no lo había visto a él. Estábamos bastante lejos y no sabíamos lo que estaba sucediendo, pero Dios sí lo sabía. El Señor me dijo que hablara en voz alta y declarara su palabra, para que la mujer pudiera ser liberada (tómese un momento y vuelva a leer ese versículo para que vea lo que el Señor dice acerca de la depresión y el dolor).

Todd dijo que cuando la ola del poder de Dios llegó a ellos desde la plataforma, él sintió como si por detrás le hubieran llegado choques eléctricos de alto voltaje. Cuando salió de él y la golpeó a ella, parecía como si eso se hubiera multiplicado o magnificado. Esta energía hizo que ella fuera fuertemente empujada hacia atrás y luego, hacia la orilla de la banca. Ella permaneció en el suelo durante varios minutos en lo que parecía un estado inconsciente, pero cuando despertó, ya no estaba llorando ni sintiéndose deprimida. Había sido liberada milagrosamente de todo el dolor y la desesperación.

¡La Palabra de Dios es un arma poderosa!

La Palabra de Dios no regresa vacía

El Señor nos habla acerca de la eficacia de su Palabra en Isaías 55:10–11:

> Así como la lluvia y la nieve descienden del cielo, y no vuelven allá sin regar antes la tierra y hacerla fecundar y germinar para que dé semilla al que siembra y pan al que come, así es también la palabra que sale de mi boca: No volverá a mí vacía, sino que hará lo que yo deseo y cumplirá con mis propósitos.

En estos versículos vemos que el Señor está declarando que cuando su Palabra sale, esta hará lo que Él desee que haga y cumplirá los propósitos por los que fue enviada. Algunas veces, los resultados son instantáneos ("pan al que come"), como la mujer de la que acaba de leer, quien fue liberada de la depresión; o de la pareja al principio del capítulo, la cual fue liberada de la opresión demoníaca en su casa y en su cuerpo.

Y también hay veces en que los resultados deseados no llegan hasta que la palabra ha sido plantada como una semilla y después de una temporada, da fruto ("semilla al que siembra"). Jesús mismo enseñó una parábola en la que utilizó la analogía de la Palabra de Dios en comparación con las semillas; los diferentes tipos de tierra representaban diferentes respuestas que la gente daría a la Palabra de Dios (Lucas 8:4–15). Esta parábola no solamente muestra la importancia de plantar la semilla (la Palabra de Dios) en nuestro corazón y en el corazón de los demás, sino también la realidad de que debido al libre albedrío, cada uno de nosotros elige el efecto que esta tendrá en nosotros.

En el capítulo 1 leyó que, después de ser acosado, fui a la escuela dominical y escuché la historia bíblica en la que Jesús abrazó y amó a los niños (la semilla). Diez meses después, clamé a Él por causa de aquella historia y Él se acercó, me abrazó y derramó su amor sobre mí. Este es un grandioso ejemplo de que la Palabra de Dios fue plantada como semilla y de que esta semilla dio fruto con el tiempo, venciendo lo que el enemigo estaba intentando hacer.

Los agricultores saben que deben plantar semillas en primavera, para que puedan disfrutar de la cosecha más tarde. Sería ridículo que un agricultor no plantara una semilla y esperara recoger una abundante cosecha. Sin embargo, eso es lo que muchos cristianos hacen sin saberlo, al no pasar tiempo plantando las semillas de la Palabra de Dios en su corazón y más tarde preguntarse por qué el enemigo puede vencerlos tan fácilmente.

Cuando Jesús estaba siendo tentado por el diablo, Él no tuvo tiempo de buscar los versículos en las Escrituras. Él había memorizado esos versículos, los había plantado profundamente en su corazón, de manera que cuando el "gigante" se acercó corriendo a Él, Él pudo meter la mano en su bolsa y sacar esa "piedra" para vencer al enemigo, tal como David lo hizo. Si Jesús necesitó que la Palabra de Dios fuera plantada en su corazón como semilla, con el fin de poder vencer las mentiras del enemigo, ¿cuánto más nosotros?

El engaño es derribado

Como hemos visto, una de las cinco armas principales que el Señor nos proporciona para pelear es su Palabra. La Palabra es la verdad pura. Esta arma de Dios está diseñada para combatir directamente las principales tácticas del diablo: el engaño o la mentira. Jesús dijo en Juan 8:44 acerca del diablo: "Cuando miente, expresa su propia naturaleza, porque es un mentiroso. ¡Es el padre de la mentira!".

Si no sabemos cual es la verdad, tal como se encuentra en la Palabra de Dios, podemos ser fácilmente engañados. Es por ello que el Señor dijo en Oseas 4:6: "Pues por falta de conocimiento mi pueblo ha sido destruido". Esto nos muestra por qué es importante que los creyentes pasen tiempo plantando las semillas de la Palabra de Dios en su corazón. Esta nos enseña la verdad, la cual eliminará la ignorancia espiritual del diablo, de donde él saca todo el provecho.

Si usted ha sido creyente durante un tiempo, probablemente pueda ver su vida en retrospectiva y mirar las diferentes veces en que esta arma de la Palabra ha sido utilizada para traer victoria a una situación, sin siquiera darse cuenta. Una vez que comience a comprender y a apreciar el verdadero poder que está contenido en la Palabra de Dios, y comience a tomar decisiones deliberadas para utilizarla como el arma poderosa que es, ¡aquellas victorias crecerán exponencialmente!

Desde que descubrí esta verdad, no puedo contar las veces en que hemos visto a personas ser salvas, sanadas, liberadas y fortalecidas de manera sobrenatural, al simplemente declarar la Palabra de Dios. Si Él lo hizo por ellos, ¡lo hará por usted!

Capítulo 7

El poder de la alabanza

Los tumores desaparecen y la desesperación es vencida

A LOS POCOS AÑOS en el ministerio, me pidieron que formara parte de un evento de sanidad de treinta y nueve horas que un pastor estaba llevando a cabo en su iglesia, en la parte central de los Estados Unidos. Él sintió que debíamos comenzar un viernes por la tarde, hasta las primeras horas del domingo. Habría un constante fluir de oración y música de adoración durante las treinta y nueve horas. Para poder llevarlo a cabo, habíamos establecido turnos para diferentes músicos y guerreros de oración. Se ofrecería comida en la iglesia y la gente que asistiera debía permanecer todo el tiempo, e incluso dormir en la iglesia, si así lo decidían.

Cada hora en punto, orábamos juntos y más tarde invitábamos a la gente a pasar al frente para orar por su sanidad. Esperábamos que mientras corría el evento, la unción y la presencia de Dios continuaran creciendo progresivamente, pero parecía como si estuviéramos cavando una tierra muy dura. Vimos que Dios tocó y sanó a mucha gente, pero nada realmente espectacular sucedió hasta aproximadamente la vigésima novena hora, es decir a las 7:00 p.m.; el sábado por la noche.

El pastor se levantó y dirigió la oración colectiva de esa hora, para más tarde hablar un poco antes de llamar a la gente a pasar al frente, para que pudiéramos orar por ellos uno por uno. Mientras él estaba hablando, el Espíritu Santo me planteó una pregunta: "¿Cuánta gloria y alabanza me darías por cada milagro?". Esa pregunta dio vueltas en mi mente incluso cuando el pastor había terminado de hablar y llamado a la gente a acercarse al frente para recibir oración.

Para entonces, la mujer que había estado tocando el piano casi todo el día, hizo un cambió de velocidad y comenzó a tocar un estilo distinto de música. Ella ya había estado tocando varios tipos de arreglos, pero por primera vez comenzó a tocar la melodía de canciones populares de alabanza. Hubo un cambio inmediato en la atmósfera espiritual de ese lugar y yo pude ver que la gente articulaba con la boca suavemente la letra de estas canciones famosas, mientras tocaba la melodía. Mi amigo Todd se encontraba ahí ministrando conmigo. Ambos estuvimos de acuerdo en que una vez que ella comenzó a tocar estas canciones de adoración, la presencia de Dios comenzó a incrementar de verdad.

La primera persona formada para recibir oración era un hombre que tenía un tumor en el cuello, el cual se podía apreciar visiblemente. Saqué de mi bolsillo una pequeña botella de aceite para ungir, mojé mi dedo índice y después lo apoyé ligeramente sobre el tumor. Antes de que siquiera pudiera comenzar a orar por el hombre, ¡el tumor había desaparecido instantáneamente! Fue el primer tumor que vi desaparecer en seguida. Odio admitirlo, pero comencé a pinchar su cuello para saber a dónde se había ido.

Antes de que yo pudiera decir algo, el hombre levantó sus manos al aire y comenzó a alabar a Dios en voz alta por su sanidad, mientras lágrimas de gozo corrían por su rostro. Volteó hacia la multitud y gritó que Dios acababa de quitarle un tumor del cuello. Me pregunté cómo es que estaba tan seguro, si ni siquiera había tenido oportunidad de verse en un espejo o de tocar su cuello con sus propias manos, pero no tuve que preguntármelo por mucho tiempo. Él dijo que ese tumor era tan grande que hacía presión en su garganta y él sabía que se había ido, porque ya no sentía presión y su cuello se sentía "normal" de nuevo. Él también declaró que el Señor había quitado de su corazón una carga de desesperación y sentía gozo de nuevo.

Todos comenzaron a aplaudir y a alabar a Dios en voz alta durante algunos momentos, pero después se callaron; parecía como si no tuviéramos que agradecerle a Dios suficiente, de manera que animé a la gente a que continuara agradeciéndole al Señor por lo que había hecho. Después de un rato, los aplausos y la alabanza se desvanecieron otra vez, pero todavía parecía que no habíamos reconocido suficientemente al Señor o no le habíamos mostrado el agradecimiento que merecía. Una vez más, el Señor me planteó la pregunta que me había hecho justo antes de que sucediera el milagro: "¿Cuánta gloria me darás por cada milagro?". Esta vez le siguió una afirmación: "Lo que hagas determinará cómo marche el resto de la noche".

El pastor había tomado la decisión, cuando planeó el evento, de tener música instrumental de adoración de fondo todo el tiempo; así que mientras orábamos por la gente o incluso cuando hablábamos en el púlpito, la música de adoración continuaba. De manera interesante, hasta este punto, no habíamos cantado ni una sola canción, pero yo supe inmediatamente que esto era exactamente lo que el Señor deseaba que sucediera en ese momento. Le pregunté al pastor si podíamos entonarle al Señor una canción para expresar nuestra gratitud y darle la alabanza.

Antes de que pudiera responder, el hombre cuyo tumor acababa de desaparecer de la garganta, dijo que sintió fuertemente que debíamos cantar "Sublime gracia". Terminamos cantando toda la canción, por lo menos tres o cuatro veces. Cada vez, la presencia de Dios se hacía más fuerte.

La alabanza atrae la presencia de Dios

Nosotros oramos por más personas y vimos que el Señor llevó a cabo más milagros excepcionales. Entonces, llegó el tiempo en que los otros músicos comenzarían su turno. Yo había invitado a Jay Sandifer, el líder de alabanza de la iglesia a la que yo asistía, a que viniera a tocar el sábado en la noche, que era cuando esperábamos el punto culminante de las treinta y nueve horas del evento. Él es un líder de alabanza muy ungido y tiene la habilidad de hacer entrar a la gente en un punto sincero de alabanza, el cual siempre atrae la presencia de Dios.

Lo que acababa de pasar justo antes de que Jay comenzara a tocar, sucedió en el tiempo preciso y nuestra esperanza de que esto se convirtiera en una verdadera gloria, se hizo realidad. Terminamos adorando y alabando a Dios durante las siguientes tres horas, sin parar. En cada canción, el poder de Dios parecía incrementar en el lugar.

En un momento, la presencia manifiesta de Dios se hizo tan fuerte que varias personas comenzaron a caer simultáneamente bajo su poder, dondequiera que se encontraban. Muchos de nosotros estábamos tan abrumados por la presencia de Dios que, aunque no nos caímos, no teníamos fuerza para levantarnos. Algunos de nosotros terminamos postrados en el suelo durante mucho tiempo, y no se debía a que estuviéramos cansados. Si esto le suena extraño, lo comprendo. Esto tampoco era lo que yo estaba acostumbrado a ver.

Varias personas tuvieron visiones y experiencias en el trono con Dios durante ese tiempo, mientras que otros recibieron sanidades y liberaciones justo donde estaban sentados. En un momento, fui a orar por una mujer y permanecí directamente frente a ella con mis ojos cerrados mientras oraba. De pronto, alguien se acercó a mí por detrás, me tomó del codo y comenzó a moverme hacia el lado. Asumí que el pastor o Todd habrían obtenido una palabra de conocimiento para la mujer y deseaban que me moviera para que pudieran comunicársela. Abrí mis ojos y me hice a un lado, esperando ver a alguien parado detrás de mí, pero no había nadie. En ese momento, el poder de Dios golpeó a la mujer y ella cayó al suelo sin que nadie visible la tocara. Momentos más tarde, vi pasar de reojo a un hombre con una túnica blanca, pero cuando volteé para mirarlo directamente, se había ido. Obviamente era un ángel que el Señor había enviado.

Ese fin de semana, así como muchas otras veces, el Señor me mostró que una de las armas sobrenaturales que Él nos da, es el arma de la alabanza. Fue la alabanza lo que atrajo la presencia de Dios e hizo que el tumor de ese hombre desapareciera; así como fue el tiempo extendido de alabanza lo que hizo que el poder de Dios fuera tan fuerte en el lugar que la gente fue sanada, liberada, tuviera visiones, fuera físicamente abrumada por su presencia y que incluso tuviera encuentros con ángeles. Antes de que esto sucediera, Dios puso en claro que si elegíamos de verdad adorarlo y darle la gloria, toda la noche sería afectada.

Esto no debe sorprendernos, ya que Salmos 22:3 dice que Dios "habita" o es "exaltado" en la alabanza de su pueblo. En otras palabras, cuando adoramos y alabamos a Dios fervientemente, su presencia manifiesta está ahí. Esto no debe confundirse con su omnipresencia o con la verdad de que Dios puede estar en todos lados al mismo tiempo.

Muchos cristianos están de acuerdo en que al llevar a cabo su rutina diaria en el trabajo, la casa o incluso en el almacén, ellos creen que Dios está con ellos, aunque muchas veces no puedan percibir o sentir su presencia. Ellos también saben que de alguna manera, Él también está con otras personas alrededor del mundo al mismo tiempo. Eso describe su omnipresencia.

Luego están las veces en que nos encontramos con su presencia manifiesta en cierto grado. Es en esas ocasiones que podemos sentirlo o discernirlo literalmente ahí con nosotros. Una persona puede llorar sin control, mientras que otra se siente increíblemente alegre. Algunas personas pueden sentir un tipo de sensación física en su cuerpo, como calor, cosquilleo o piel de gallina; mientras que otras son abrumadas al punto de entrar en lo que parecería ser un estado inconsciente. Gran parte de esto depende de lo que Dios esté llevando a cabo en la persona. Existen muchas variables que pueden afectar lo que la gente experimenta al encontrarse con la presencia de Dios. Las maneras en que reacciona la gente ante la presencia de Dios varían casi tanto como las diferentes personalidades.

Dios marcha como guerrero

En Isaías 42:10-13, el Señor nos dice que cuando le cantamos un cántico, levantamos nuestra voz a Él, cantamos con gozo, le damos la gloria o proclamamos su alabanza, Él "marchará como guerrero; como hombre de guerra despertará su celo. Con gritos y alaridos se lanzará al combate, y triunfará sobre sus enemigos". Nosotros debemos recordar que los enemigos de Dios son nuestros enemigos. Si Él dice que cuando cantamos cánticos a Él, Él marchará como un guerrero y destruirá a aquellos enemigos, ¡eso hace que la alabanza sea un arma poderosa para nosotros!

La Biblia está llena de testimonios que nos muestran exactamente lo mismo. Por ejemplo, en 2 Crónicas 20:1–22 leemos la historia de cómo la nación israelita estaba a punto de ser atacada por un ejército que era varias veces mayor que el suyo. El rey Josafat envió cantores al frente del ejército. El versículo 22 dice que cuando comenzaron a entonar ese cántico de alabanza, el Señor los liberó sobrenaturalmente. Este es un ejemplo perfecto de la alabanza usada como un arma. ¡El versículo 22 también muestra que la liberación del pueblo no sucedió sino *hasta* que comenzaron a alabar a Dios!

Yo puedo recordar varias veces en que esta misma secuencia de eventos me ha funcionado. Una vez, me encontraba ministrando en una reunión en una carpa y acababa de guiar a un grupo de personas a través de la oración para recibir a Jesús como su Señor y Salvador. Más tarde, invité a las personas a pasar al frente y comencé a orar por cada uno de ellos. Tan pronto como me acerqué a una mujer en particular, los espíritus demoníacos se manifestaron en su cuerpo y ella cayó al suelo gritando. Yo había visto eso muchas veces antes y sabía que era simplemente el enemigo intentando detener lo que Dios estaba llevando a cabo y provocar distracción. El pastor que había organizado la reunión se acercó, y juntos comenzamos a ordenarles a las fuerzas demoníacas que se callaran y se marcharan, en el nombre de Jesús. Por alguna razón, eso no estaba sucediendo tan rápidamente como debía de suceder.

En ese momento había un disco tocando suavemente. Claramente escuché que el Señor me dijo que debíamos comenzar a alabarlo, de manera que le hice señas al técnico de sonido para que subiera el volumen de la música. Él lo hizo, pero nadie estaba cantando, ya que estaban muy distraídos con los gritos. La mayoría de las personas que se encontraban en el público, nunca habían visto manifestarse a un espíritu demoníaco en una persona de esta manera. Cuando escucharon que los gritos que salieron de la mujer no eran humanos, ellos comenzaron a preocuparse. Una vez más, el Señor me dijo que comenzara a alabarlo en grupo y para entonces, la persona que había dirigido la adoración más temprano, había subido a la plataforma.

Le pedí que reuniera a su grupo de nuevo y comenzaran a dirigir a todos en una canción de adoración, porque el Señor me había dicho dos veces seguidas que eso era lo que Él deseaba que hiciéramos para liberar a la mujer. Todos subieron de nuevo a la plataforma y comenzaron a tocar una canción de adoración que habíamos cantado antes esa noche. ¡Tan pronto como comenzamos a cantar la primera estrofa, la mujer fue instantánea y completamente liberada de la opresión demoníaca! Tal como en la historia del rey Josafat, la liberación no vino sino *hasta* que comenzamos a cantar cánticos a Dios.

En Hechos 16:16–40 podemos ver esto mismo. Leemos que Pablo y Silas fueron azotados, puestos en prisión y encadenados en el cepo por llevar a cabo la obra de Dios. Dice que a media noche oraron y comenzaron a cantar himnos a Dios. Cuando lo hicieron, ¡el Señor abrió las puertas de todas las celdas sobrenaturalmente y las cadenas de los prisioneros se les soltaron! Una vez más, vimos el arma de la alabanza utilizada para liberar a los cautivos, ¡y este caso incluso fue literal! Pablo y Silas pudieron fácilmente haber elegido molestarse o deprimirse, por causa de la situación injusta en la que estaban, pero en cambio, ellos eligieron alabar a Dios.

La desesperación es vencida

Vemos que una de las principales tácticas que el diablo utiliza contra la gente es la desesperación o la depresión, y este es un problema común en la vida de la gente en la actualidad. La buena noticia es que Dios nos ha dado el arma poderosa de la alabanza para vencer la desesperación. Isaías 61:3 nos dice claramente que Dios nos ha dado un "traje de fiesta en vez de espíritu de desaliento". Cuando comenzamos a alabar a Dios, el dolor y la tristeza que pueda haber en nuestro corazón serán reemplazados por paz y gozo, como dice Nehemías 8:10: "El gozo del Señor es nuestra fortaleza".

A veces, incluso los cristianos tienen que admitir que se han deprimido o desalentado por una situación, pero no tienen por qué permanecer de ese modo. Una noche, yo estaba en el servicio nocturno de una iglesia. Debido a la cantidad de personas que deseaban oración personal, continué orando por la gente hasta después de media noche, pero me estaba cansando demasiado. Entonces oré por varias personas seguidas que no obtuvieron sanidad instantáneamente o que parecía que Dios no las había tocado en absoluto. Al pasar el tiempo, comencé a sentirme abatido y empecé a desear poder marcharme y regresar a donde me estaba hospedando para dormir, pero había todavía varias personas esperando recibir oración.

El equipo de alabanza había parado horas antes y en el fondo se estaba escuchando música de discos. Cuando la siguiente persona pasó para recibir oración, el Espíritu Santo me dijo que cerrara los ojos y comenzara a adorar. Justo en ese momento, el disco comenzó a tocar una de mis canciones de adoración preferidas y el Señor me dijo que cantara. A mí me encanta cantar con otras personas, pero nunca canto en voz alta enfrente de la gente. Si usted me escucha cantar, probablemente tampoco desearía que cantara. Pero fui obediente y antes de saber lo que sucedía, ya me había perdido completamente alabando a Dios, tanto que había olvidado dónde estaba o que había alguien esperando que orara por él.

Cuando terminó la canción, aproximadamente diez minutos después, yo continuaba con mis ojos cerrados y permanecí ahí simplemente sumergido en la presencia de Dios. Entonces, el Señor me recordó que alguien estaba frente a mí esperando oración. Comencé a inquietarme un poco, ya que empecé a pensar en lo que acababa de hacer. Pero antes de que me alarmara, el Señor me dijo que tocara a la persona. Cuando lo hice, el hombre cayó al suelo completamente abrumado por el poder de Dios y terminó quedándose así durante varios minutos. Inmediatamente me di cuenta de que después de alabar a Dios, yo ya no estaba deprimido ni cansado. Meses después supe del hombre que había caído al suelo. Nos dijo que debido a lo que Dios llevó a cabo en él esa noche, no ha sido el mismo desde entonces.

Una vez más, está claro que Dios utilizó el arma sobrenatural de la alabanza, no solo para vencer la desesperación que estaba intentando atacarme; sino también para abrir la puerta para que el hombre fuera poderosamente tocado por el Señor. Puedo decirle que después de participar en cientos de servicios alrededor del mundo, todos aquellos que recuerdo han alcanzado "un alto nivel"—en otras palabras, los servicios en los que Dios ha hecho algo especial—han tenido una gran cantidad de alabanza sincera como parte del servicio. También he visto que, comúnmente, durante el tiempo de alabanza de un servicio el Señor comienza a sanar y a liberar soberanamente a la gente, así como a incitar los dones del Espíritu en las personas (ver 1 Corintios 12).

Uno de los únicos regalos que podemos darle a Dios

Yo creo que una de las razones por las que la alabanza es un arma tan poderosa se debe a que es una de las únicas cosas que podemos darle a Dios que Él no tenga ya. Esto la hace muy valiosa.

La verdadera alabanza debe provenir del corazón y es una elección de libre albedrío, algo que nadie nos puede forzar a hacer. La alabanza, entonces, tiene la habilidad de llegar a los problemas del corazón de la gente. Mirando en retrospectiva al tiempo en que Dios me llamó por mi nombre en la iglesia, podemos ver fácilmente que cuando comencé a alabar a Dios con mi corazón, Él me mostró lo que estaba dentro de él. Cuando permití que Dios entrara en mi corazón a través de la alabanza, fue cuando

Él me llamó por mi nombre y yo lo sentí de manera muy real aquel día.

Dios también lo está llamado a usted por su nombre y Él desea que comience a alabarlo con su corazón, de manera que Él pueda convertirse en una presencia tangible en su vida también. Él dice que Él se acerca cuando lo alabamos. ¡Es por ello que la alabanza es un arma tan poderosa contra nuestros enemigos! Este día decida dejar de concentrarse en sus problemas y en cambio comience a alabar a Aquel que es mayor que todos sus problemas juntos, recordando que Él es quien puede llevar a cabo algo con aquellos problemas. Una vez que lo haga, usted verá por qué David dijo en Salmos 34:1 que bendeciría al Señor en todo tiempo, y que sus labios siempre lo alabarían.

Capítulo 8

La autoridad eterna

Una prostituta paralizada es sanada y el temor es destruido

Yo decidí que deseaba ir a Honduras—después de que dimos dinero para construir el orfanato—con el fin ver exactamente cómo estaban utilizando el dinero. También deseaba conocer a los niños y a la gente que lo estaba administrando de manera que compré un boleto de avión. En ese tiempo, hubo un golpe de estado militar en Honduras que se tornó alarmante, y el gobierno de los Estados Unidos recomendó que cualquier viaje al país fuera cancelado.

Tras haber orado por ello mucho tiempo, sentí con seguridad que debía ir y fui allá a finales de agosto de 2009, tal como lo había planeado. Mientras me encontraba allá, me dieron varias oportunidades para ministrar y vimos que el Señor llevó a cabo cosas asombrosas, entre ellas, los milagros más profundos que he visto.

Caminamos hacia una iglesia que se encontraba en la cumbre de una montaña, en un pueblo remoto. Después de hablar a la congregación, el pastor preguntó si podíamos regresar por un camino diferente para poder detenernos a orar por una de las prostitutas locales, quien había asistido a la iglesia durante un tiempo. Resultó ser que esta mujer estaba involucrada en brujería y prácticas ocultas, y continuamente entraba en discusiones con el pastor. Finalmente, un día se marchó, amenazando de muerte al pastor frente a toda la congregación. En algún momento después de esto, ella se paralizó del tórax hacia abajo y el pastor no la había visto desde entonces.

El pastor dijo que esta mujer tenía mucha influencia en el pueblo y debido a la falta de presencia policíaca, había una gran posibilidad de que pudiera llevar a cabo la amenaza de muerte contra el pastor. El pastor ya había visto que el Señor había realizado muchos milagros de sanidad mientras estábamos ahí, y, aunque no lo afirmó directamente, parecía claro que esperaba que la prostituta fuera sanada, para que el pastor ya no tuviera que preocuparse por la amenaza de muerte.

Cuando llegamos a su choza sin paredes, todos estábamos sudando, debido a la temperatura de más de noventa grados (más de 30º C) y casi 100% de humedad aquel día. La mujer se encontraba recostada en una cama improvisada que estaba colocada contra la única pared de la choza de ocho pies por ocho pies (dos metros cuadrados). Nos dijeron que había estado confinada a la cama durante varios meses desde que quedó paralizada.

Al entrar en la choza, lo primero que me llamó la atención fue el terrible olor. Buscando la fuente del olor, me di cuenta que había un balde de cinco galones a la orilla de la cama, el cual ella utilizaba como inodoro, ya que no podía levantarse para desplazarse a otro lugar. También vi un vestido de jersey y la ropa de cama sobre la cual estaba, se encontraba bastante sucia y manchada. Entonces nos dijeron que aunque estaba confinada a estar en cama, ella continuaba "en el negocio", porque necesitaba dinero para comer. Todo esto, combinado con el hecho de que obviamente no había agua corriente para limpiar, y nunca la había habido, me hizo sentir asqueado y no deseaba acercarme.

Tengo que admitir que soy un poco "germofóbico", de manera que este realmente era un gran esfuerzo para mí. Me armé de valor y decidí que simplemente debía controlar mi mente mientras me encontraba cerca de ella y le hablaba a través de una intérprete. Ahora ella estaba más receptiva al evangelio de lo que aparentemente había estado en el pasado. Terminamos guiándola en una pequeña oración de salvación. Después de esto, le expliqué a través de la intérprete que íbamos a orar por su sanidad física.

Me vinieron a la mente las palabras de Jesús en Marcos 16:17-18: "Los que crean [...] pondrán sus manos sobre los enfermos, y éstos recobrarán la salud", pero yo realmente no deseaba tocar a esta mujer. Después de algunos momentos accedí y decidí que el lugar más seguro para tocarla sería a los costados de su cuello. Oré por ella y le ordené al cuerpo que fuera sano, en el nombre de Jesús. Sentí que el poder de Dios bajó y en ese momento, su cuello torcido, se estiró instantáneamente y sus ojos se abrieron cuando ella también reconoció el poder de Dios obrando en su cuerpo. Rápidamente le dije a la intérprete que le dijera que se levantara y caminara, en el nombre de Jesús.

La intérprete era una joven que habían enviado sin experiencia previa y no había visto este tipo de oración antes. Ella me miró nerviosa antes de repetir suave y tímidamente lo que yo dije. Yo repetí inmediatamente lo que había dicho antes, pero en voz alta y firme: "¡Levántate y camina, en el nombre de Jesús!". Después le dije a la intérprete que lo hiciera de la misma forma. Dicho sea en su honor, lo hizo, y la mujer paralizada se levantó y fue sanada inmediatamente.

El pequeño grupo que nos había acompañado para orar, comenzó a alabar a Dios en alta voz y a aplaudir. Salí rápidamente de la choza para tomar un poco de aire "fresco". Miré a la mujer desde afuera de la cabaña y me sentí muy desilusionado al ver que ella no lucía tan feliz en realidad. Ella continuaba mirando sus piernas y moviéndolas, luciendo temerosa, casi como si esperara que dejaran de funcionar de nuevo.

La autoridad sin amor no da gozo

Yo comencé a quejarme con Dios, preguntándole por qué no se sentía alegre y por qué parecía estar temerosa; después de todo, ese era un milagro que pudo haber salido directamente de la Biblia. Dios me respondió inmediatamente y dijo simplemente esta profunda afirmación: "Ella no sabe cuánto la amo".

Entonces, el Señor comenzó a recordarme las veces en que yo y otras personas que conozco, no habíamos estado alegres o gozosos, aunque el Señor había hecho muchos milagros en nosotros, y ya nos habían contado de su amor. Me sentí culpable por juzgar a la mujer y pregunté al Señor qué deseaba que hiciera.

Él me dijo que regresara a la choza y orara que el velo espiritual fuera levantado de su corazón, y que la mujer pudiera recibir su amor y su paz. Caminé de vuelta a la choza, puse mis manos en un costado de su cabeza y comencé a orar. El poder y el amor de Dios se derramaron sobre la mujer y ella se colapsó en el suelo. Varios minutos después, cuando despertó, comenzó a llorar. Yo estaba confundido, hasta que el Señor me explicó que, debido a que la mujer había recibido una revelación de la profundidad de su amor, ella estaba experimentando un dolor divino por sus pecados, por primera vez (2 Corintios 7:8–12).

En ese momento, ella se acercó al pastor a quien le había causado muchos problemas y repitió una y otra vez cuánto lo sentía. Ambos lloraron y se abrazaron durante un largo rato. Finalmente, comencé a ver una sonrisa y una sensación de paz y gozo en la mujer. El resto del grupo se reunió a su alrededor y cada uno comenzó a abrazarla y a abrazarse mutuamente.

Eso me hizo feliz y comencé a alabar a Dios de verdad por permitirme ver este milagro de primera mano. Entonces, el Señor comenzó a plantearme algunas preguntas. Él me dijo: "¿Te he enviado para ser mi portavoz aquí?"; y yo le dije: "Sí, Señor". Él me dijo: "¿Te he enviado para ser mis manos y mis pies aquí?"; y yo le dije: "Sí, Señor". Entonces me dijo: "Entonces, ve a abrazarla como yo lo haría". Y yo le respondí: "No, Señor, por favor no".

En ese momento, ella se volteó y me dio una gran sonrisa que gritaba: "Es tu turno de darme un gran abrazo". Justo entonces, hice lo único que pude pensar y le dije a la intérprete que le diera un gran abrazo, lo cual me dio un poco de tiempo. Mientras ellas se abrazaban, yo creé un plan que me ayudaría a ser obediente, mientras me permitía no tener que olerla de cerca. Entraría en la choza y la abrazaría mientras sostenía la respiración. La única preocupación que eso me dejaba era el hecho de que nos habían dicho que no dejáramos que nuestras cabezas tocaran la cabeza de la gente, por causa de una epidemia de piojos.

La intérprete terminó de abrazar a la mujer y yo comencé a entrar en la choza para mi turno, después de inhalar muy profundo. Entre, Dios me habló de nuevo y dijo: "Por cierto, cuando Jesús tocó al leproso, Él no tuvo miedo de contagiarse de lepra". Este comentario me atravesó tan profundamente que literalmente respiré y solté la respiración.

A cada paso que me acercaba a la mujer, el horrendo olor empeoraba. Antes de razonar lo que estaba haciendo, mis brazos estaban fuertemente envolviéndola y mi mejilla derecha tocando su mejilla. En ese momento, el terrible olor se había ido. Aunque suene tonto, yo comencé a olfatear con energía, intentando encontrar a dónde se había ido el olor.

Le pregunté al Señor por qué ya no podía percibir el mal olor, y Él me dijo: "Porque ahora la estás oliendo con mi nariz". Después que me dejó reflexionar en esta profunda declaración por un momento, añadió: "Por cierto, tú también hueles mal, porque el pecado es lo que hace que la gente huela mal. Pero cuando se arrepienten, ese olor se va". Inmediatamente me arrepentí de mi actitud pecaminosa y egoísta, y le pedí al Señor que me perdonara por no amar de verdad a esta mujer como Él deseaba.

Cada vez que cuento esta historia, la gente termina llorando como loca, pero durante los primeros años después de que sucedió, yo no podía contarla sin quebrantarme y llorar. Dios nos ha dado un arma de autoridad, pero debe ser suavizada y utilizada con amor; de otra forma, su valor no dura mucho (1 Corintios 13). La autoridad que Dios nos da siempre debe hacernos pensar en su amor y terminar echando fuera el temor.

El arma de la autoridad

En la Biblia vemos muy claramente que una de las principales armas que el Señor nos da para pelear es la autoridad, aunque este sea uno de los conceptos menos utilizados y comprendidos en la iglesia en la actualidad. Cuando le ordenamos a la mujer que se levantara y caminara, en el nombre de Jesús, lo hicimos utilizando la autoridad que Jesús nos había dado y a través del nombre de Jesús, lo cual hizo que fuera sanada. Después de que Pedro y Juan le ordenaron al hombre cojo que se levantara y caminara en el nombre de Jesús, los líderes religiosos deseaban saber cómo lo habían hecho. Pedro les respondió en Hechos 4:10: "Sepan, pues, todos ustedes y todo el pueblo de Israel que este hombre está aquí delante de ustedes, sano gracias al nombre de Jesucristo de Nazaret".

En Mateo 28:18 Jesús declaró que *toda* autoridad le había sido dada. En Lucas 10:19 Él dice que *nos* ha dado autoridad sobre *todo* el poder del enemigo. Pero, ¿cómo funciona esto en la vida diaria?

Jesús nos dice en Marcos 11:22–23 que le hablemos al monte y, a través de su ministerio, nos proporciona muchos ejemplos para que sepamos a qué se refiere. Por ejemplo, en Lucas 4, reprendió la fiebre de la suegra de Pedro y esta huyó. En Lucas 8, reprendió el viento y las olas, y se calmaron. Una y otra vez, Jesús nos mostró cuáles eran las "montañas" y que algunas veces debíamos lidiar con ellas directamente. Después de todo, la Biblia dice que somos hechos a la imagen y semejanza de Dios, y que con sus palabras creó el mundo (Génesis 1). Esto hace que lo que declaramos con la boca tenga poder, ¡nos demos cuenta o no!

En el capítulo 3 expliqué que después del accidente me encontraba en el hospital consumiéndome debido a que no tenía suficientes intestinos para continuar con vida. Mucha gente acudió a orar por mí en el hospital, pero nada sucedió hasta que Bruce Carlson acudió a orar por mí. Todos los demás habían acudido y rogado a Dios que salvara mi vida, pero él llegó y le habló directamente a la montaña, que en mi caso eran mis intestinos, y les ordenó que crecieran sobrenaturalmente en el nombre de Jesús. Fue entones que sucedió instantáneamente el milagro creativo.

Ya que viajo a varias partes a causa del ministerio y oro por la gente de esta manera, algunas veces interactúo con personas que no están familiarizadas con el concepto de la autoridad y con su funcionamiento en la oración. A menudo les explico que no es por arrogancia ni presunción que oramos de esa manera, sino por obediencia, ya que Jesús nos dijo que le habláramos a la montaña.

Una noche, al principio del ministerio, yo me encontraba enseñándoles a algunas personas a orar una por la otra en cierta iglesia, y no estábamos teniendo muy buenos resultados, porque no deseaban orar de la manera que yo les estaba enseñando. Se sentían incómodos con la manera en que yo oraba, debido a que les habían enseñado que si oraban por alguien, siempre tenían que añadir al final de la oración: "...pero solamente si es tu voluntad, Dios". Así que debido a esto, ellos no deseaban hablarle al problema y ordenarle que se fuera. Fuimos de un lado a otro y finalmente les pregunté que si su método funcionaba tan bien, ¿por qué me habían dicho que nunca habían visto que Dios llevara a cabo milagros? Ellos no tenían una respuesta, pero continuaban sin entender lo que yo estaba diciendo.

De pronto, el Señor me dio una analogía que pude utilizar para mostrarles cómo funcionaba la autoridad. Dije: "Digamos que es cien años atrás y yo soy el alcalde de la ciudad y necesito contratar a un nuevo alguacil. Después de contratarlo, le doy su placa y una pistola y lo envío a las calles. Días después, me llama por un robo bancario que está en proceso y me dice que tengo que ir y hacer algo al respecto. ¿Qué le voy a decir? Yo le voy a decir: 'Mire, le he dado una placa y una pistola, los cuales representan la autoridad y el poder que ahora tiene, y espero que los utilice. Es su trabajo, ¡Vaya y encárguese!'".

Les recordé también que la Biblia nos dice que Adán y Eva perdieron su dominio sobre la Tierra por causa del diablo, pero que Jesús vino y lo tomó de vuelta, y ahora está disponible para nosotros otra vez. Cuando creemos en Jesús, nosotros recibimos una "placa" para ser llamados cristianos y también obtenemos un "arma de autoridad" que viene junto con ella. Él espera que utilicemos esa autoridad, tal como el alcalde espera que el alguacil utilice la autoridad que le ha dado. Muy a menudo, entre más tiempo tengamos como cristianos, Dios requiere que utilicemos más esa autoridad.

Tan pronto como lo expliqué de esa manera, ellos pudieron comprender lo que les decía e inmediatamente comenzamos a ver que sanaban cuando oraban uno por el otro de esa manera. He continuado utilizando la analogía del alcalde y el alguacil para explicar la autoridad que Dios nos da, y realmente ha logrado mostrar cómo se delega la autoridad. Eso nos ayuda a explicar más ampliamente por qué Jesús dijo en Juan 20:21: "Como el Padre me envió a mí, así yo los envío a ustedes". También es importante observar que nunca vemos que Jesús mendigara nada del Padre, ni siquiera cuando estaba agonizando en el huerto, por causa de la terrible muerte que sabía que estaba a punto de sufrir.

No somos mendigos, somos hijos de Dios

Un domingo por la mañana, hablé en una iglesia y, después de cerrar el servicio, invité a aquellos que deseaban recibir oración a pasar al frente. Mientras oraba por la gente, observé a una pareja de esposos que me estaban mirando atentamente desde su asiento, pero nunca pasaron para recibir oración. Cuando terminé de orar por los presentes, me dirigí hacia la parte trasera de la iglesia y comencé a guardar los objetos que habían quedado de la mesa de libros para poder marcharme.

La pareja apareció con dos niños en un coche de niños después de algunos minutos. El esposo me preguntó vacilante si podía orar por su esposa, quien tenía un severo dolor en la espalda y en los hombros, por causa de una herida grave. Tan pronto como me paré frente a la mujer y estaba a punto de comenzar, el Espíritu Santo me dijo muy claramente que el esposo debía orar por la esposa en mi lugar; de manera que le dije a él que debía orar por su esposa.

Inmediatamente se irritó y gruñó: "¿No cree usted que ya he orado por ella?". Esa respuesta me tomó por sorpresa, pero amablemente le expliqué que eso era lo que había sentido que el Señor me dijo y deseaba ser obediente.

Él aceptó y comenzó a hacer una sincera oración por su esposa que duró varios minutos. En un momento, él se quebrantó y comenzó a rogarle a Dios que sanara a su esposa, por la tensión que esa herida había puesto en toda la familia. Cuando terminó, el Espíritu Santo me dijo que ella no sentía mejoría. Antes de poder pensar lo que iba a decir, le dije a la mujer lo que acababa de escuchar: "Usted no se siente ni tantito mejor, ¿o sí?". (Algunas veces no soy el chico más inteligente del lugar).

El esposo apretó el puño y se me acercó. Me miró a los ojos y me dijo: "¡Cómo se atreve a decirle eso!". Le dije que solamente había repetido lo que el Espíritu Santo me había dicho. Le pregunté de nuevo a la esposa si se sentía mejor o no. Ella miró tímidamente a su esposo y respondió que no con un gesto.

Le dije al hombre que orara de nuevo, pero esta vez debía orar de la manera que Jesús nos enseñó: hablándole a la montaña (como había estado enseñando durante las últimas dos horas). Esto fue lo último y el hombre estalló como bomba. "No me diga que no sé cómo orar. He estado en el ministerio. Asistí durante cuatro años a la universidad bíblica y lo escuché decir hoy que usted no tiene una educación formal para el ministerio. ¿Quién se cree que es?".

Antes de que pudiera continuar, lo detuve y le dije que solamente lo intentara; si no funcionaba, no tenía nada que perder. Él me miró con disgusto y dijo: "¿Cómo quiere que ore?". Una vez más le dije que le hablara a la montaña y le dijera que huyera en el nombre de Jesús. En este caso, la montaña era el dolor del cuerpo de su esposa.

En un tono casi burlón, él puso sus manos sobre ella y dijo: "Dolor, vete en el nombre de Jesús". Ella se encorvó y se sacudió un poco, antes de declarar que ya no sentía dolor. Aunque suene disparatado, aparentemente eso lo irritó aún más. Él deseaba discutir conmigo por qué Dios respondería una oración como esa, cuando no había respondido su larga y sincera oración.

Le expliqué que no tenía nada que ver con que Dios no respondiera su oración y sí con utilizar la autoridad que había recibido para detener al enemigo en lo que deseaba hacer en su hogar. Algunas veces, necesitamos ir ante el Señor y ofrecerle nuestras oraciones desde el fondo de nuestro corazón. ¡Hay veces también en que necesitamos comenzar a utilizar el arma de la autoridad y sacar a patadas al enemigo!

Él terminó haciendo a un lado su orgullo y emocionándose, después de que su esposa fuera sanada, para pedir oración por su hija pequeña, quien tenía una enfermedad en el ojo que se suponía que iba a dejarla ciega en unos años. De manera que oramos por ella. Más tarde me dijeron que en la siguiente cita médica, los médicos ya no pudieron encontrar rastro de la enfermedad y la dieron de alta. ¡Gracias, Señor!

¿A qué suena la autoridad?

Una noche, me encontraba predicando en un evento masivo en el Profundo Sur. Cuando llegó el tiempo de orar por la gente, observé que una familia se formó. Era evidente que la madre y el padre no deseaban pasar al frente, pero sus dos hijos estaban literalmente tirando de ellos hacia el frente. Cuando llegó su turno, pregunté cuál era su petición de oración. Los niños respondieron que su madre tenía problemas en la espalda y en la cadera como consecuencia de un accidente y que siempre le causaban dolor, así que deseaban que orara para que fuera sanada. Ellos me habían escuchado contar el testimonio de una sanidad aquella noche y creyeron cuando declaré que Dios lo haría por otros también. Obviamente la mamá y el papá no lo creían tanto.

El Señor me dijo inmediatamente que hiciera que los niños oraran por su madre en mi lugar, así que comencé a entrenarlos para orar. (La niña tenía once o doce años, y el pequeño alrededor de siete u ocho años). Les dije que le hablaran a la cadera y a la espalda, y les ordenaran que fueran sanadas y que funcionaran de la manera en que fueron diseñadas, en el nombre de Jesús. Cuando finalmente los convencí, apenas se escuchaba y no sucedió nada para decepción de todos.

Justo entonces, el Señor me dijo que les preguntara qué mascota tenían, aunque yo no estaba seguro de ello al principio. Ellos me dijeron que tenían un perro. El Señor me dijo entonces, que al perro le gustaba escaparse y que debía preguntarles qué hacían cuando se escapaba. Los callados niños gritaron a la vez:

"¡Charlie, métete a la casa!", tan fuerte que h
que estaba alrededor de nosotros.

Entonces el Señor me dijo que debía
al problema de la cadera y la espalda de su
gritaban a Charlie, el perro malo. ¡Debió haber vis
hacerlo! El dolor y la rigidez dejaron el cuerpo de su m
más tarde, ella se levantó y se dio cuenta de que podía moverse
de nuevo. No necesito decir que ella comenzó a sollozar cuando
se dio cuenta de lo que Dios acababa de hacer, lo cual causó que
los niños comenzaran a sollozar; lo cual dejó al papá dudoso,
rascándose la cabeza ante lo que acababa de suceder.

Sé que aquella noche, Dios deseaba hacerles una importante
declaración a esas personas; pero también me dio una gran
revelación de cómo suena el arma de la autoridad. Yo terminé
haciendo un estudio de las palabras en la Biblia y me sorprendí
de las veces en que encontré que la gente, incluyendo a Jesús y a
sus discípulos, oró en voz alta. De hecho, Hebreos 5:7 dice: "En
los días de su vida mortal, Jesús ofreció oraciones y súplicas con
fuerte clamor y lágrimas […] y fue escuchado por su reverente
sumisión".

Este debe ser un versículo escondido en la Biblia, porque he
conocido a muchas personas que creen que el que las personas
oren en voz alta en la iglesia es todo menos algo reverente. No
me malentienda: yo no creo que siempre debamos gritar cuando
oramos; pero sí creo que hay veces en las que necesitamos utilizar el arma de la autoridad, y, algunas de esas veces, necesita-
remos hacerlo en voz alta, incluso estando en la iglesia.

A partir de esa noche, he visto este patrón muchas veces
cuando estoy orando por la gente. Más de una vez, he orado
por alguien y cuando no sucede nada después de orar algunas
veces, estoy tentado a continuar con la siguiente persona de la
fila. El Espíritu Santo me reprende y me dice que "ore como si
de verdad lo quisiera". Entonces, oro otra vez, pero mucho más
fuerte y audazmente; y cuando lo hago, la sanidad llega. Nada
cambia en la situación para producir una sanidad, excepto que
el enemigo ahora sabe que estoy utilizando en serio la autoridad

e es dada. En otras palabras, necesitamos saber quiénes
os en Cristo.

¿Cómo luce la autoridad?

Creo que esto es lo que Santiago 5:16 describe al decir: "La oración del justo es poderosa y eficaz". Se sabe que la palabra tra-
ducida como "eficaz" describe algo que es "poderoso" y "posee
energía". Como vimos antes acerca de Jesús y de otras personas
de la Biblia, esto algunas veces puede significar en voz alta.

El versículo inmediato dice que Elías era un hombre tal como
nosotros, que oró para que no lloviera, ¡y no llovió durante más
de tres años! Si usted cree que eso fue inventado o que ya no
suceden cosas así, permítame decirle que yo, como mucho otros,
hemos visto este tipo de cosas.

Por ejemplo, dos hombres estaban reemplazando el techo de la
casa de mi amigo Todd, un verano. Lo habían desarmado todo
cuando una enorme tormenta eléctrica comenzó a soplar. Tan
pronto como Todd escuchó que la lluvia comenzaba a caer, se
dirigió al porche y le ordenó en voz alta a la lluvia que dejara de
caer sobre su casa, en el nombre de Jesús. Dijo que uno podía
ver la lluvia caer alrededor de ellos, pero en su casa, se había
detenido.

Al final del día, bajaron los dos reparadores, después de terminar el trabajo y llamaron a la puerta, deseando hablar con él.
Habían escuchado lo que había hecho y habían visto con sus propios ojos lo que había sucedido y que continuaba lloviendo alrededor de ellos, pero no en su casa. Ellos deseaban saber cómo lo
había hecho o qué había hecho.

Él les explicó acerca del poder que tiene el nombre de Jesús y
la autoridad que poseen los cristianos. Les dijo que lo que vieron
era esa autoridad en acción. Más tarde, Todd terminó guiándolos
en una oración para aceptar a Jesús como su Señor y Salvador;
todo por una semilla que fue plantada cuando vieron a alguien
utilizando la autoridad que Dios les otorga a sus hijos. Después
de que Todd me contara su testimonio, yo lo compartí con

personas quienes a su vez utilizaron el arma de la autoridad que Dios nos da incluso sobre la naturaleza, y cosas similares sucedieron, hasta en mi propia familia.

El temor es destruido

Una noche, nos encontrábamos conduciendo a casa después de una reunión en la casa de mi mamá y la neblina se hizo tan densa que no podía ver nada. Reduje la velocidad a diez o quince millas por hora (16 o 24 km/h), pero eso no hizo ninguna diferencia; y todavía quedaba un gran tramo para llegar a casa. En un punto, casi golpeamos por detrás un coche que se había detenido en la carretera. Los niños comenzaron a asustarse un poco cuando se percataron del peligro de la situación.

Hablamos acerca de la autoridad que Dios nos da sobre la naturaleza y más tarde le pregunté a mis hijos si deseaban utilizarla. Mi hija menor se ofreció y entonces le ordené a la neblina que se fuera, en el nombre de Jesús. ¡Todos vimos con asombro que la neblina se evaporó instantáneamente alrededor de nosotros, justo ahí! No solamente se desvaneció inmediatamente la neblina, sino que el temor que estaba intentando venir sobre mis hijos también huyó. Así luce la autoridad en la vida de un creyente, incluso en una niña de diez años.

Una de las tácticas más grandes que intenta utilizar el diablo en la gente es el temor; pero Dios nos da el arma de la autoridad para destruir al temor. Simplemente piénselo: es imposible que una persona sienta que de verdad tiene autoridad o poder sobre algo, y continúe temiendo. Estoy seguro de que es por ello que Jesús se aseguró de decirnos en Lucas 10:19 que él nos había dado autoridad ("potestad" en la versión Reina Valera) sobre toda fuerza del enemigo. Y en 2 Timoteo 1:7 leemos lo mismo: "Pues Dios no nos ha dado un espíritu de timidez, sino de poder, de amor y de dominio propio".

Dios les ha dado a sus hijos poder y autoridad, y desea que sepamos que no necesitamos temerle al enemigo ni a nada que suceda a nuestro alrededor; pero eso no detiene al enemigo de tratar de engañarnos con una mentira. Creo que esa es una de las razones por las que la Biblia dice que es como un león rugiente, en 1 Pedro 5:8. He leído que una de las razones por las que los leones rugen durante la noche es para intentar instigar temor en los otros leones que se encuentren en su territorio, así como intentar que los animales que están cazando teman lo suficiente como para que corran y entonces sean más fáciles de encontrar.

Solo recuerde que cuando escuche rugir al enemigo en la oscuridad, ¡no tema, porque Dios le ha dado autoridad y poder sobre él! Como dice 1 Juan 4:4: "Porque el que está en ustedes es más poderoso que el que está en el mundo".

Capítulo 9

La oración poderosa

Encuentros en el salón del trono y el orgullo es sofocado

UN HOMBRE DE negocios y evangelista llamado Doug Collins, me invitó a Canadá a hablar en algunos eventos durante el fin de semana, tras haber visto mi historia en la televisión. Antes de salir al viaje, tuve la oportunidad de hablar con Doug varias veces por teléfono y supe que él mismo estaba involucrado en gran parte del ministerio. Él había predicado en varios lugares de Norteamérica, también formaba parte de algunas grandes cruzadas en África y había fundado un orfanato allá.

Ambos intercambiamos historias del ministerio y yo estaba emocionado de escuchar acerca de algunos de los asombrosos milagros que ellos habían visto al Señor llevar a cabo mientras estaban en el campo de misiones en África, así como en Norteamérica. Yo esperaba que aunque me hubiera invitado a asistir y ministrar allá, pudiera obtener también algún conocimiento o revelación "de Dios" que él tuviera, y no quedé decepcionado.

Lo primero que hicimos fue un evento comunitario el viernes por la noche en Windsor. Después hicimos un servicio dominical matutino en el área Metropolitana de Toronto. Doug me había presentado en los primeros dos servicios y yo prediqué. Cuando llegó el tiempo de orar por la gente, él me ayudó un poco, pero durante la mayor parte simplemente me dejó hacerlo y observó. Después de escuchar la infinidad de cosas grandiosas que él había visto hacer al Señor antes, yo me preguntaba cómo pensaba que habían marchado los dos primeros servicios, de manera que le pregunté.

Él me dijo que pensaba que habían estado grandiosos, pero que normalmente oraba antes de los servicios en una manera diferente a la mía. Él sugirió que para el último servicio podíamos hacerlo a "su" manera si yo lo deseaba, y acepté. Tengo que admitir que esto me confundió un poco, ya que no podía pensar en otra manera de orar más que en la mía, pero pronto averigüé a lo que se refería.

Quedaban alrededor de dos horas antes de que comenzara el último servicio. Regresamos al lugar donde nos estábamos hospedando y él me invitó a su habitación, para poder comenzar a orar. Esto fue un poco diferente, ya que normalmente espero hasta la última media hora antes del servicio para entrar de lleno a la oración, y entonces oro hasta que comienza, si es posible.

Una vez en la habitación, nos colocamos junto a la cama y él me dijo que simplemente me recostara en la alfombra gruesa y me pusiera cómodo. Lo hice y entonces lo escuché decir algo como: "Espíritu Santo, simplemente te invitamos a este lugar", y eso fue todo. Después de algunos minutos, él lo dijo de nuevo; una vez más se quedó callado durante algunos minutos antes de decir algo similar de nuevo: "Señor, te amamos. Espíritu Santo, ven".

Discretamente, saqué mi teléfono y vi la hora. Habíamos estado ahí durante casi media hora y yo estaba comenzando a inquietarme un poco. Cuando yo oraba antes del servicio, le pedía al Espíritu Santo que viniera, pero entonces comenzaba a repasar varias peticiones y agradecimientos específicos. Le pedía al Señor que llevara a gente a la reunión. Le pedía que me diera las palabras que Él deseaba que dijera. Le pedía salvaciones. Le pedía que hiciera señales, milagros y prodigios. Le agradecía por la oportunidad de ministrar. También le agradecía por su fidelidad. Creo que el punto es que cuando oro, la mayor parte del tiempo estoy haciendo algo activamente o concentrándome en mí y mis preocupaciones, y no descansando ni esperando, atrayendo la presencia de Dios.

Otros veinte minutos pasaron y escuché que Doug dijo: "Espíritu Santo, por favor, ven". Ahora sé que la Biblia nos dice que como cristianos, el Espíritu Santo mora en nosotros. Sabía que Doug creía en eso también, de manera que obviamente estaba orando por más que eso, lo cual estaba bien por mí; pero no sabía cuánto estaba dispuesto a esperar o qué era exactamente lo que estaba esperando. Yo soy una persona muy hiperactiva e intensa, y realmente estaba batallando con permanecer en el suelo tanto tiempo. Miré mi teléfono e iba a levantarme lentamente para marcharme de vuelta a mi habitación. No deseaba ser grosero ni ofender a Doug en ninguna manera, pero simplemente no podía soportar permanecer mucho más tiempo haciendo "nada".

Cuando llegó la hora, yo estuve a punto de levantarme y salir de la habitación, cuando escuché que el Señor me dijo que debía permanecer más tiempo. Pasaron algunos minutos y de nuevo, Doug llamó suavemente: "Espíritu Santo, ven como lo hiciste en la Biblia". Mis ojos estaban cerrados y mi mente continuaba vagando, y pasaron otros diez minutos antes de que "eso" sucediera.

Las palabras no pueden describir exactamente lo que sucedió, pero puedo decirle a lo que era semejante. En primer lugar, imagínese estar a la orilla del mar cuando hay un tipo de tormenta o cuando por alguna razón, las olas son muy grandes y rompen en la playa con una gran fuerza. Después, imagínese que puede recostarse en la playa, entre las olas, y cuando llega la siguiente ola, esta pasa justo por encima de usted. Así me sentí.

Fue repentino e inesperado, y realmente se sintió como que una ola había caído encima de mí y me había envuelto completamente, al punto en que incluso llenó mis pulmones—¡tanto que tuve que respirar y me encontré literalmente jadeando! De pronto, Doug gritó fuertemente: "¡Una doble porción, Señor!". Antes de que tuviera tiempo de siquiera examinar lo que estaba pasando, sucedió de nuevo. Después de que desapareciera el impacto inicial, me encontré un una presencia tan tangible de

Dios que parecía como si estuviera justo en su trono, contento de simplemente estar ahí y disfrutarlo sin sentir la necesidad de comunicar o pedir nada.

El tiempo voló y en algún momento Él comenzó a darme visiones de personas específicas que estarían en la reunión esa noche. El Señor no solamente me mostró su aspecto y la ropa que vestirían, sino también me dijo cuáles eran sus peticiones de oración. Doug también estaba teniendo visiones y "palabras de conocimiento". Tomó un cuaderno y comenzó a escribirlas, para que no olvidara nada. Esa noche en la reunión, cada una de las personas que el Señor nos mostró y cada "palabra de conocimiento" que nos dio, sucedieron. Por favor, recuerde que todo esto sucedió debido a la oración que se enfocó solamente en Dios.

El arma de la oración

Probablemente el arma más conocida y de la que más se habla, que el Señor les da a sus hijos, sea el arma de la oración. Una y otra vez en la Biblia encontramos que se nos ordena orar. Primera de Tesalonicenses 5:17 dice que oremos "sin cesar". Filipenses 4:6 nos dice que no nos inquietemos por nada, sino que oremos por todo.

Es posible que haya varias cosas con las que los cristianos no estén de acuerdo en todo el mundo, pero una de las cosas en las que siempre están de acuerdo es en que debemos de orar a Dios. Cualquier diferencia que surja al respecto, será acerca de "cómo" debemos orar, ya que hay muchos tipos diferentes de oración y maneras distintas de orar.

Por ejemplo, yo he orado a Dios durante más de treinta años y he estado en el ministerio durante unos cuantos años, y realmente creía comprender bastante bien lo que implicaba la oración personal, antes de encontrar el tipo de oración que me mostró Doug Collins. Era un tipo de oración cuya meta era enfocarse en Dios y simplemente sumergirse en su presencia. Desde entonces, he encontrado que, de manera interesante, en algunos círculos se le llama oración para "sumergirse" [soaking], lo cual me hace reír, debido a que realmente sentí la presencia de Dios como si una ola de agua hubiera caído sobre mí. También vemos en la Biblia, cuando Jesús habló acerca del "agua viva", en Juan capítulo 4, y en Juan 7:37-39, de nuevo utiliza el término "agua viva" para describir al Espíritu Santo, exactamente lo que Doug oró que viniera.

Tanto en el Antiguo Testamento como en el Nuevo Testamento vemos a diferentes personas que se sometieron a largos tiempos de oración con Dios y las cosas asombrosas que a menudo acompañaban a esos tiempos de oración. ¡En Lucas 6:12 dice que Jesús salió un día a orar y terminó orando toda la noche! (esa fue la noche antes de elegir a los doce discípulos). También leemos otros ejemplos en que salió para pasar largos ratos de oración con Dios. Considerando la cantidad de tiempo que Él pasó en oración y lo que dijo en Mateo 6:7-8, acerca de no parlotear "vanas repeticiones" con nuestras palabras, sería seguro decir que Jesús era fanático de lo que la gente llama en la actualidad la oración "para sumergirse". Es verdaderamente una de las mejores maneras en que podemos "descansar" en la presencia de Dios, como lo describe Hebreos capítulo 4.

Necesitamos recordar que no importa qué método o tipo de oración practiquemos, esta es una manera de pasar tiempo con Dios y permanecer conectados con Él. Nuestra ambición debe ser concentrarnos en Él y en sus planes por sobre los nuestros. Sus planes son mucho mejores y más exitosos que cualquier cosa que nosotros podamos inventar. Esta es un arma que podemos utilizar en todos lados y en cualquier momento, para ayudarnos y ayudar a otros a conectarnos con Dios, con el fin de vivir una vida sobrenatural de victoria mientras estamos en esta Tierra.

Una vía de dos sentidos

Cuando miramos de cerca la oración en general, encontramos que está destinada a ser más de lo que resulta ser a menudo, porque frecuentemente la hemos convertido en algo que no es. No debe ser un monólogo, una transmisión de una vía en la que enviamos nuestras oraciones hacia Dios y después nos retiramos. Está destinada a ser un diálogo en el que estamos en una real comunicación con Dios, de ida y de regreso.

Imagine que habla por teléfono con su mejor amigo. Cuando él responde, usted comienza a hablar sin darle siquiera la oportunidad de responder, y cuando terminan de hablar, usted simplemente cuelga el teléfono. Sé que esto suena tonto, pero es exactamente la manera en que muchas personas oran a Dios. Ellos le dicen sus peticiones y después, simplemente se retiran o se dan la vuelta, y se van a dormir sin escucharlo responder. Esto en sí es una forma de orgullo, ya que la persona está tan enfocada en sí misma que no está escuchando lo que Dios desea decir. La mayor parte del tiempo, creo que no lo hacen a propósito, mucha gente simplemente no espera que Dios les responda.

Jesús dijo en Juan 8:47: "El que es de Dios escucha lo que Dios dice"; y en Juan 10:27 dijo: "Mis ovejas oyen mi voz". Solamente con estos versículos no pudo dejar más claro que nosotros debemos estar escuchando que Él nos habla. Permítame darle un ejemplo de cómo puede funcionar esto.

Un día, una mujer me vio en televisión, me llamó y dejó un mensaje con solo su nombre y su número telefónico. Después de escuchar su mensaje, oré por ella y mientras oraba, el Señor me dijo claramente el nombre de Robert. Cuando la llamé, ella dijo que su petición de oración era que deseaba poder sentir y conocer el amor que Dios sentía por ella.

Ella continuó hablándome de la infinidad de problemas que estaba teniendo en su vida: un matrimonio en aprietos, dos hijos severamente enfermos y ahora acababa de perder su empleo. También mencionó que había sido adoptada y era la única hija que no era de sangre; de pequeña había sido maltratada física, emocional y verbalmente. Entonces dijo que aunque había creído en Dios desde que era pequeña, ella nunca había podido sentir su amor.

Comenzamos a orar y el Señor me dijo que le comunicara que Él la conocía y la amaba, incluso desde que estaba en el vientre de su madre. Entonces oré que ella pudiera sentir físicamente el amor y la presencia de Dios. Ella sintió un cosquilleo tibio que cubrió su cuerpo completamente, pero admitió que le era difícil creer en su corazón que Dios realmente la amaba, después de todo lo malo que había sucedido en su vida.

El Señor me dijo que le preguntara qué significaba el nombre Robert para ella; y ella dijo que era el nombre de su hermano. Dios dijo inmediatamente: "No, pregúntale qué más representa". Entonces le pregunté de nuevo y esta vez ella estalló en llanto: "¡Ay, Dios mío!". Ella dijo que tenía una foto en que ella aparecía de recién nacida en el hospital y escrito en la pulsera de plástico estaba el nombre de su madre biológica: Robert. Alguien había intentado tacharlo con una pluma en la foto, pero ella la había estado mirando durante años y estaba convencida de que decía Robert. Su madre la había abandonado en el hospital cuando solo tenía dos días de nacida. Desde que tenía dieciocho años, ella había estado intentando rastrear a sus padres biológicos y todo lo que tenía para proceder, era esa fotografía. Las leyes del estado prohibían que el hospital o alguien del programa estatal de adopción, proporcionara la información. En ese momento, ella básicamente había perdido la esperanza de encontrar a sus padres biológicos.

Piénselo. Esta mujer llamó pidiendo poder sentir y conocer el amor que Dios sentía por ella. De manera que el Señor me dijo que le comunicara que Él la conocía y la amaba desde que estaba en el vientre de su madre, y se lo había comprobado dándole lo único que ella sabía de su madre: el apellido. Eso era algo a lo que podía asirse y creer, porque solamente Dios pudo haber sabido esa información. Yo creo completamente que fue algo que le cambió la vida aunque no he vuelto a escuchar de ella.

La razón por la que le compartí este testimonio, se debe a que todo giró en torno al poder de una oración de dos vías con Dios. Si yo solamente hubiera orado lo que yo pensaba que era lo más importante o hubiera orado y no hubiera tomado el tiempo para escuchar las respuestas de Dios, nada de eso habría sucedido. ¡Por favor, escúcheme cuando le digo que Dios desea tener esa misma interacción con usted! No hay nada en la relación con

Dios o en la manera en que yo lo escucho que no esté disponible para todos los creyentes que lo deseen.

No obstante, tal como en cualquier otra relación, se necesita tiempo y decisiones deliberadas para llegar a conocer a la otra parte y tener una conexión sana. Dios desea que nosotros valoremos su presencia y que lo busquemos de verdad. Tal como he aprendido, eso a menudo tomará tiempo e incluso sacrificio, ¡pero vale la pena!

El orgullo es sofocado

Una de las principales tácticas que el enemigo utiliza contra nosotros es el orgullo. El único problema es que cuando alguien está luchando contra el orgullo, la persona a menudo es la última en saberlo. La otra cosa taimada del orgullo es que este puede lucir de dos maneras muy diferentes. La forma más común que la gente asocia con el orgullo es la arrogancia y una opinión demasiado alta de sí misma. La otra forma de orgullo es muy real, pero a menudo difícil de detectar. Sucede cuando las personas creen ser tan malas o incompetentes de una forma u otra, que no hay esperanza para ellos ni para su situación.

En ambos casos, ¡el enfoque está en uno mismo y esa es la esencia del orgullo! Dios desea que nos enfoquemos en Él y es por ello que el arma poderosa de la oración es lo que Dios nos da para combatir el orgullo. La oración tiene la habilidad de quitar el foco de nosotros mismos y de colocarlo en Dios, donde pertenece. Cuando pasamos tiempo en oración sincera a Dios y esta proviene de nuestro corazón, es difícil enfocarnos en otra cosa que no sea Él.

Primera de Pedro 5:5-7 nos dice: "Dios se opone a los orgullosos, pero da gracia a los humildes. Humíllense, pues, bajo la poderosa mano de Dios, para que él los exalte a su debido tiempo. Depositen en él toda ansiedad, porque él cuida de ustedes". De manera que vemos que Dios dice que la cura para el orgullo es humillarse y la manera en que Él dice que lo hagamos es depositando toda ansiedad en Él. En otras palabras, ¡orando!

En el capítulo 4 leyó que yo oré casi toda la noche, antes de que el Espíritu Santo se mostrara en nuestra habitación y tuviéramos la experiencia del tipo del Pentecostés. Aunque no me daba cuenta, yo estaba luchando con el orgullo en ese tiempo, porque me estaba enfocando en mí mismo y en mi incapacidad de hablar frente a la gente, al punto que casi no creía que el Señor pudiera llevar a cabo algo al respecto.

Al utilizar el arma poderosa de la oración y al humillarme ante Dios toda la noche, el orgullo finalmente fue quebrantado, cuando el Señor envió al Espíritu Santo en poder. Esto es justo lo que decía el versículo 5: Él *da gracia a los humildes*; y como lo aprendimos antes, ¡su gracia es su poder!

Le animo a depositar toda su ansiedad en el Señor a través de la oración y a mostrarle que usted va en serio, tal como la viuda persistente que encontramos en Lucas 18:1–8, quien clamaba día y noche. Jesús dijo que cuando lo hagamos, Dios lo verá y sí hará justicia, ¡y sin demora! Utilice hoy el arma de la oración y miré cómo sus problemas se hunden, a medida que crece su perspectiva de Dios.

Capítulo 10

La fuerza de la fe

Los oídos sordos son abiertos y la duda es destruida

AL PRINCIPIO DE nuestro ministerio, una noche hablé en una iglesia y más tarde le ofrecí a la gente que se acercara para recibir oración. Una de las personas que se acercaron aquella noche fue la secretaria de la iglesia. Ella no había podido escuchar con su oído derecho durante más de veinte años y sintió que el Señor estaba llamándola a pedir oración esa noche.

Ella me informó que varias veces habían orado por su oído sordo, pero nada había sucedido. Cuando alguien me dice algo así antes de orar por ellos, eso siempre me decepciona, porque sé que no estamos peleando contra la enfermedad, sino también posiblemente con la incredulidad que puede entrar fácilmente después de varios años de oraciones no respondidas. Para empeorar las cosas, esta era una iglesia evangélica cuyo pastor creía en la sanidad y oraba activamente por los enfermos, de manera que si ella iba a ser sanada después de la oración, este era el tipo de lugar en el que ya habría sucedido.

Ella salió sin cambios en su oído después de que oramos. Yo continué orando por la gente que se había acercado.

La mañana siguiente, el pastor me llamó a mi casa y me dijo emocionado que la secretaria acababa de llamarlo y que le dijo que podía escuchar con su oído "malo". Le pregunté si podía darme su número para llamarla y ver qué decía, ya que este era el primer oído sordo que yo veía ser sanado.

Cuando la llamé, le pregunté qué había sucedido exactamente después de que oré por ella, y ella dijo sin rodeos: "No sucedió nada después de que usted oró por mí. Pero cuando me fui a dormir, le dije al Señor: 'No me importa cuántas veces hayan orado por mí y no haya habido cambio; no me voy a decepcionar esta vez ni a dudar de mi sanidad, porque creo completamente que tú has escuchado cada una de esas oraciones y tú eres mi sanador'". Entonces, se despertó en la mañana y se dio cuenta de que podía oír con ese oído.

Yo reflexioné y oré al respecto durante varios días, y finalmente llegué a algunas conclusiones. Muchas veces había visto que oraba por alguien y la sanidad no venía sino hasta más tarde, pero sabía que este caso era diferente de alguna manera. Lo que el Señor me mostró fue lo mismo que la mujer me señaló: su sanidad en realidad no tuvo nada que ver con mi oración. En realidad fue su fe lo que activó la sanidad.

Yo tuve que ser honesto conmigo mismo y concluí que cuando oré por ella, mi fe cayó después de que ella me hablara del trasfondo y sentí que las "posibilidades" no eran favorables. La Biblia dice en Hebreos 11:1: "Ahora bien, la fe es la garantía de lo que se espera, la certeza de lo que no se ve", y eso definitivamente no describía como me sentía cuando oré por ella. Esto me hizo realmente observar la importancia de la fe, no solamente para quien recibe la oración, sino también para quien está orando. Tuve que ver las repercusiones de esto en mi propia vida también, y no solo en la esfera del ministerio.

Elegí utilizar la lección como una herramienta de aprendizaje y comencé a orar por una revelación de la fe. También decidí que si Dios había abierto su oído sordo, Él lo haría otra vez. Aproximadamente dos meses después, vi que Dios abrió un oído completamente sordo, instantánea y perfectamente. Durante los siguientes dos años, mantuve un registro de cada vez que vi que el Señor abrió un oído sordo, incluso si solamente había estado parcialmente sordo; y cuando llegué a cincuenta decidí dejar de contar.

Debido a que la secretaria eligió creer las promesas de Dios y continuar pensando de manera positiva y sin dudar, incluso cuando parecía que nada estaba cambiando, ella fue sanada. Y el hecho de que fuera sanada elevó mi fe, para que pudiera creer que eso podría suceder de nuevo y el ciclo de fe continuó repitiéndose. Así es como funciona la fe y continuará expandiéndose y creciendo si le damos la oportunidad.

La fe es un arma poderosa

¿Recuerda a nuestro héroe David? Cuando David corrió hacia Goliat aquel día en el campo de batalla, él no pudo haberlo hecho sin el arma de la fe. Seamos realistas: un guerrero experimentado contra un chiquillo, es tan extraño como puede imaginárselo. Pero la Biblia dice claramente que David no solamente eligió pelear contra Goliat, ¡sino que también corrió hacia él cuando llegó el momento! Para aquellos que observaban, esa parecía como una misión suicida; pero David no lo veía así. Él dio la razón de su confianza en 1 Samuel 17:34-37. Había peleado con leones y osos, mientras cuidaba las ovejas de su padre. En el versículo 37 dijo: "El Señor, que me libró de las garras del león y del oso, también me librará del poder de ese filisteo".

La fe de David en la liberación de Dios estaba basada en la fidelidad de lo que Dios había hecho en el pasado y en las promesas de la ayuda de Dios en las Escrituras. Nosotros necesitamos ser como David y creer que tal como Dios nos ha ayudado a nosotros y a los demás en el pasado, Él lo hará de nuevo. "Pero, Dios nunca me ha ayudado en el pasado", dirá. Bien, aunque alguien piense que esto es verdad, tenemos la Biblia que muestra que Dios envió a Jesús a morir por nosotros. De acuerdo con Romanos 5:8, Él lo hizo mientras todavía éramos pecadores y no sabíamos quién era Él. El acto de sacrificio fue lo más grande que Él ha hecho por todos, ya que esto tiene la habilidad de afectar nuestra eternidad.

Una de las armas sobrenaturales que Dios nos da para pelear es el arma de la fe y lo grandioso de esa arma es que puede ser contagiosa. Cuando David tuvo la fe para pelear con Goliat y ganó, eso provocó que todo el ejército israelita se diera cuenta de que podía vencer a los filisteos, y lo hicieron. Cuando la secretaria de la iglesia tuvo la fe para creer que Dios sanaría su oído sordo, su testimonio causó que muchas otras personas fueran sanadas de oídos sordos durante los años siguientes, ¡y todavía no ha parado!

Esto es a lo que se refiere Apocalipsis 19:10, cuando dice que "El testimonio de Jesús es el espíritu que inspira la profecía". Lo que Jesús hace por uno es una profecía de lo que Él hará por otro, y eso es lo que hace que la fe de la gente se eleve cuando escuchan los testimonios.

También es la razón de que, si una persona ve al Señor llevar a cabo una cosa específica en su vida, ella puede orar con una fe fuerte de que Dios lo hará por alguien que tenga el mismo problema. Así funciona: cuando hemos visto que Dios nos ha ayudado a vencer en cierta área, nosotros recibimos poder en esa misma área. Por ello, después de ver al Señor sanar o ayudar a una persona con alguna dificultad, yo comienzo a llamar al frente a quienes estén batallando con el mismo problema, de manera que la primera persona a quien le ayudé a orar, pueda orar por ellos, ya que su fe normalmente ha despegado en ese momento. No puedo recordar todas las veces en que hemos visto al Señor llevar a cabo milagros asombrosos cuando hacemos eso en una reunión, pero a continuación tenemos algunos de ellos que prueban el punto.

Una noche mientras ministraba en Michigan, oré por una mujer que parecía tener alrededor de treinta años de edad. Ella había nacido con los tobillos torcidos y pies planos. Cuando oré, pude sentir que sus tobillos giraron y se enderezaron instantáneamente bajo mis manos; y a los diez minutos, sus tobillos estaban perfectos. Pregunté si alguien más tenía los tobillos torcidos y pies planos, y se acercó una mujer con pie plano. La primera mujer, entonces oró por ella, y a los diez minutos, la segunda mujer también recibió arcos perfectos en sus pies.

Dos noches después, me encontraba ministrando en una iglesia de Canadá. Le comuniqué a la audiencia lo que habíamos visto días antes en Michigan. Entonces pregunté si alguien en ese lugar tenía los tobillos torcidos y una madre llevó al frente a su hijo de diez años, quien también había nacido con tobillos torcidos y pie plano. Me arrodillé frente a él y comencé a orar, pero antes de siquiera tocar sus tobillos evidentemente torcidos, ¡estos se enderezaron y él fue inmediatamente sanado!

Su madre comenzó a gritar histéricamente al verlo y la gente tuvo que apartarla para que se tranquilizara. Resultó que ella acababa de aceptar a Jesús en su corazón dos semanas atrás, y esa era la segunda vez que asistía a la iglesia, lo cual la estremeció.

Entonces anuncié si había alguien más con los tobillos torcidos y pie plano. Otra joven se acercó y le dije a este niño de diez años quien acababa de ser sanado que orara por ella. Después de orar, ella se levantó y de pronto salió corriendo de la iglesia para sorpresa de todos. Minutos después regresó sosteniendo un pedazo de cartulina anaranjada y mostrándoselo a todos. Cuando llegó hacia mí y pude verlo, no tuve más remedio que reírme. Ella había salido y caminado en la nieve con solamente sus calcetines, y cuando regresó, encontró este pedazo de papel, se paró encima para ver la impresión que sus pies hacían ahora. Para su dicha, solo estaba su talón y la parte frontal del pie impresos perfectamente en el papel, ¡mostrándole así a todos que ya no tenía pie plano!

Desde huesos torcidos siendo enderezados, a espaldas dañadas siendo sanadas, a adicciones y depresión desapareciendo; lo hemos visto suceder cuando las personas sanadas y liberadas oran por otros. ¡Esta es la fe en funcionamiento! Por favor, recuerde que la gente que ora en ese momento, son personas normales del público y no son obreros de la iglesia. Este es realmente el plan supremo de Dios y el espléndido diseño de la manera en que debe funcionar la iglesia.

Eso debió ser lo que Jesús quiso decir en Juan 14:12, al decir: "Ciertamente les aseguro que el que cree en mí las obras que yo hago también él las hará, y aun las hará mayores, porque yo vuelvo al Padre". En caso de que no lo haya comprendido, permítame repetirlo. Jesús dijo que quien tuviera fe en Él, haría lo que él hizo, ¡e incluso cosas mayores! ¿No es eso increíble? La verdadera pregunta es: ¿lo creemos?

La importancia de la fe

Cuando estudiamos el ministerio de Jesús, encontramos aproximadamente treinta y cinco milagros específicos registrados, pero el apóstol Juan, quien estaba con Él, dice que Él hizo muchas otras cosas que ni siquiera se escribieron (Juan 21:24–25). De esos treinta y cinco milagros, existen alrededor de dieciocho veces en que Él oró por una persona o personas para que fueran sanadas, sin contar la gente que resucitó de los muertos o que fue sanada entre las multitudes. Seis de esas dieciocho veces, Él le atribuye la causa por la que fueron sanados directamente a la fe de la persona. De manera que a un tercio de la gente que fue sanada, Jesús les dijo que su fe los había sanado.

Esto nos dice que en muchos casos, Dios espera que las personas tengan fe para que sus oraciones sean respondidas. De hecho, la Biblia dice algo muy interesante en Marcos 6:5–6, acerca del tiempo en que Jesús intentó ministrar en su ciudad natal. Dice: "En efecto, no pudo hacer allí ningún milagro, excepto sanar a unos pocos enfermos al imponerles las manos. Y él se quedó asombrado por la incredulidad de ellos". ¿Le sorprende que la Biblia diga que Jesús *no pudo* hacer milagros ahí? A mí me sorprendió, hasta que el Señor me lo explicó en una manera que pude comprender. Esta fue la analogía que me dio.

Digamos que una persona que no conocemos se acerca a nosotros en la calle y nos dice que nos dará un millón de dólares, y más tarde hace un cheque por un millón de dólares y nos lo entrega (digamos también que en el ejemplo, el cheque es bueno). ¿Cuántas personas realmente aceptarían el cheque o intentarían depositarlo en su cuenta corriente?

O digamos que alguien que conocemos nos dice esto, pero pensábamos conocer a la persona suficientemente bien como para saber que el cheque no tiene valor, porque sabemos que ella no tiene dinero. La persona podría intentar demasiado, ya que desea bendecirnos; pero si no tomamos el cheque, no nos puede dar el dinero.

Esto le sucedió a Jesús en su ciudad natal. Debido a que había crecido ahí, la gente pensó que lo conocía. Cuando Él afirmó ser el Cristo, ellos simplemente no pudieron creerlo y se negaron a tomar de Él lo que estaba disponible. El cheque estaba ahí y era bueno, pero ellos no desearon llevarlo al banco.

Nuestra fe en Dios es como la mano que se estira para tomar el cheque. Si esa mano no se estira, no podemos conectarnos con las sanidades, el amor, el poder, el perdón, la misericordia y con otras bendiciones que nos están esperando; entonces la fe es muy importante y necesitamos averiguar cómo obtenerla.

La Biblia dice en Romanos 10:17: "Así que la fe viene como resultado de oír el mensaje, y el mensaje que se oye es la palabra de Cristo". En el contexto del capítulo, esto se refiere a escuchar el mensaje predicado de salvación, pero muchos creen que esto se refiere a escuchar cualquier predicación bíblica.

En Lucas 17, los discípulos le pidieron a Jesús: "¡Aumenta nuestra fe!"; y Él les dijo que si tuvieran fe como un grano de mostaza, podrían decirle al árbol que se desarraigara y se plantara en el mar, y este los obedecería. Una semilla de mostaza es pequeña, así que Jesús obviamente les estaba diciendo que no se necesitaba mucha fe para hacer el trabajo.

Una vez el Señor me dio un sueño bastante simple que me mostró exactamente esto. En el sueño, yo me encontraba solo en la sala de estar de una casa enorme y de pronto, un león entraba en la habitación y caminaba de un lado a otro frente a mí, en una manera muy amenazadora. Yo sabía que no podía huir de él, así que simplemente me congelé de espaldas al muro. Más leones comenzaron a entrar en la habitación y yo sabía que estaban a punto de atacarme. Finalmente, uno de ellos entró corriendo del otro lado de la habitación y brincó, abalanzándose sobre mí. Yo me percaté de que solamente había un mosquitero recargado sobre el muro, junto a mí; y lo sostuve como un escudo para protegerme. Para mi asombro, el gran león rebotó con la delgadísima pantalla como si fuera un trampolín. Una y otra vez, los leones tomaron turnos para intentar abalanzarse sobre mí, pero cada vez rebotaban en esta débil pantalla que comenzaba a doblarse, pero que nunca se rompió.

En Efesios 6, se nos dice que tomemos el escudo de la fe con el cual podemos apagar las flechas encendidas del maligno. Dios me estaba mostrando que en ese momento de mi vida, mi fe era tan delgada y tan fina que yo podía ver a través de ella, ¡pero todavía era lo suficientemente fuerte como para protegerme del enemigo!

La duda es destruida

La duda, algunas veces descrita como incredulidad, es la quinta y última táctica del enemigo de la que hablaremos, ya que es exactamente lo contrario a la fe. Desde el jardín del Edén, el enemigo ha estado plantando semillas de duda para intentar confundir a la humanidad; y ha sido una treta que le ha dado éxito, de manera que podemos ver por qué el Señor nos dio el arma sobrenatural de la fe, con el fin de destruir la duda.

La Biblia habla en Santiago 1:6–7 acerca de los efectos de la duda, cuando una persona ora o le pide algo al Señor: "Pero que pida con fe, sin dudar, porque quien duda es como las olas del mar, agitadas y llevadas de un lado a otro por el viento. Quien es así no piense que va a recibir cosa alguna del Señor".

Así que como leímos en Lucas 17, Jesús les hace saber a sus discípulos que la fe no es todo el problema, ya que incluso si tuvieran fe como un grano de mostaza tendrían la habilidad de llevar montañas y árboles al mar. Él dice claramente que el problema es su incredulidad, su duda.

Permítame compartirle un testimonio que lo comprueba.

Me invitaron a hablar en una iglesia a la que nunca había asistido, pero cuyo pastor les había dicho que mi testimonio sería un cambio para ellos, ya que no estaban acostumbrados a ver sanidades o a que el Señor se moviera en milagros y cosas por el estilo. Durante el tiempo de alabanza y adoración, el Señor me dio la palabra de conocimiento de que alguien estaba lidiando con un dolor insoportable en el tobillo derecho. Hasta este momento del ministerio, yo nunca había anunciado una palabra de conocimiento hasta haber terminado de predicar en el tiempo de orar por la gente. Era claro que el Señor deseaba que lo hiciera en ese momento, de manera que cuando me invitaron a subir al podio, pregunté quién tenía un dolor horrible en su tobillo derecho.

Una mujer que se encontraba cerca del podio, se levantó inmediatamente y caminó cojeando por el pasillo, diciendo que era ella. Dijo que el dolor era tan fuerte que no podía apoyarse y estaba pensando que no se quedaría al resto del servicio. Le dije que el Señor deseaba sanarla y solamente extendí mi mano y oré por ella desde el podio. Le pregunté cómo se sentía ahora y ella dijo que el dolor se había ido completamente de su tobillo, ¡pero la espalda todavía le dolía!

Esa respuesta me tomó por sorpresa, pero decidí que solo oraría rápidamente por su espalda, para poder comenzar a predicar. Oré desde el podio como lo hice la primera vez y le pregunté cómo se sentía ahora, y ella gritó: "No siento ningún cambio". Ya que estaba tan cerca, decidí bajar del estrado e ir a imponerle manos, cuando oré la segunda vez. Después de hacerlo, le pregunté cómo se sentía su espalda. Una vez más gritó fuertemente: "No siento ningún cambio". El ciclo se repitió una vez más y pude ver que los congregantes comenzaron a incomodarse y que por alguna razón, la espalda de la mujer no estaba siendo sanada en ese momento. Desesperado, oré una vez más, pero esta vez le pedí al Señor que simplemente la noqueara para que yo pudiera continuar. El poder de Dios golpeó a la mujer y ella cayó al suelo, "golpeada por el Espíritu", como dicen. Regresé al podio y comencé a predicar, la mujer no se levantó ni se movió durante por lo menos veinte minutos. Cuando lo hizo, discretamente regresó a su asiento.

Más tarde terminé platicando con la mujer largo rato y descubrí que había recibido cirugías en su espalda varias veces, y que ella había orado muchas veces a Dios para que sanara su espalda. Al no ser sanada, ella dudó si realmente era su voluntad sanarla.

La voluntad de Dios

Yo pasé los siguientes días orando por esta mujer y su situación, ya que me confundió el hecho de que su tobillo fuera sanado, pero su espalda no. El Señor comenzó a revelarme algunas cosas. En primer lugar, cuando Él me dio la palabra de conocimiento para el tobillo, esto hizo que su fe se levantara a tal punto que ella recibió sanidad fácilmente. Así que sabemos que en ese momento, ella por lo menos tenía fe en Dios del tamaño de un grano de mostaza y que el poder sanador de Dios estaba ahí para sanar. Pero debido a las oraciones por su espalda que no habían sido respondidas en el pasado, ella dudó o tuvo incredulidad de que Dios estuviera dispuesto a sanarla, de manera que no podía recibirla. El cheque estaba ahí y era bueno, pero ella no tuvo fuerza para llevarlo al banco y depositarlo.

Cuando usted o yo estemos orando por algo, necesitamos tener firme en nuestra mente cuál es la voluntad de Dios en general al respecto, antes de que podamos orar y no tener duda o incredulidad que obstaculice nuestras oraciones. Lamentablemente, ha habido una mala enseñanza y teología incorrecta durante los años, que el enemigo ha utilizado para plantar semillas de duda y engañar a la gente.

Por ejemplo, veamos el tema de la sanidad, como en nuestro ejemplo de la mujer. Yo no pretendo ser un experto de la Biblia, pero la he leído varias veces y no puedo encontrar una sola vez que Jesús haya rechazado a alguna persona que se acercara a Él por sanidad, ni dijo que no era la voluntad de Dios sanar a la gente. De hecho, Él dijo justo lo contrario. Él también dijo que solamente hacía lo que veía al Padre llevar a cabo y solamente decía lo que escuchaba decir al Padre (Juan 5:19; 12:49–50). Si necesita algún tipo de sanidad en su cuerpo, usted necesita afirmar esa cuestión en su cabeza y en su corazón, antes de orar. Entonces, entréguesela a Dios, confiando en su método y en su tiempo.

Si tiene alguna otra necesidad, lo mismo procede. Solamente escuche lo que el segundo versículo de 3 Juan dice acerca de cómo Dios bendice cada parte de nuestra vida: "Querido hermano, oro para que te vaya bien en *todos tus asuntos* y goces de buena salud, así como prosperas espiritualmente", (énfasis añadido). Cualquiera que sea su necesidad, ¡encuentre puntos en la Biblia que hablen al respecto y después sujétese a esas promesas, para que su fe crezca y la duda sea destruida!

Yo sé que algunas veces no es tan fácil como suena, pero Dios nunca dijo que la vida sería fácil. Él dijo que en este mundo tendríamos problemas y tribulaciones, pero que nos animáramos, ¡porque Él ha vencido al mundo y destruido la obra del enemigo (Juan 16:33; 1 Juan 3:8)! Pero también debemos recordar que en 1 Pedro 5:9 nos dice que necesitamos *resistir activamente* al diablo. ¡Nos encontramos en el equipo ganador, pero aun así tenemos que pelear!

En el capítulo 5 leyó acerca de cómo luché durante años con la duda con respecto a nuestras finanzas. Me tomó mucho tiempo y tuve que derribar completamente las cosas de las que dependía para obtener seguridad, antes de poder llegar a un lugar en que supe que realmente podía contar con que el Señor proveería financieramente para nuestra familia. Sus promesas de la Biblia acerca de que Él cuida de nuestras necesidades y que nos bendice estaban plantadas en mi mente, pero la duda continuaba evitando que esas semillas se plantaran profundamente en mi corazón. Estuvieron tan inactivas durante años y el enemigo pudo atacar.

Eso no tiene que ser del mismo modo para usted. Cualquiera que sea su necesidad, encuentre promesas en la Biblia que hablen al respecto y elija creer hoy que las promesas de Dios son más que sus circunstancias. Permita que su fe crezca para que la duda sea destruida y aquellas promesas puedan germinar en su corazón. No puedo contar las veces en que he tenido el placer de orar por gente que ya ha decidido y creído en su mente y en su corazón que cuando reciban oración, Dios se va a encargar de su problema; y cuando oramos por ellos, Él lo hace. Lo gracioso es que mi oración no tuvo nada que ver con el hecho de que ellos obtuvieran lo que necesitaban en esos casos; ¡fueron ellos quienes utilizaron el arma poderosa de la fe y mi oración solamente fue el punto de contacto!

Parte Tres

Los cinco gigantes que todos
enfrentamos en la vida

Parte Tres

Los cinco gigantes que todos enfrentamos en la vida

En la introducción a la parte dos del libro expliqué que el 22 de abril de 2010, dos amigos míos se me acercaron en una iglesia y me dieron palabras similares del Señor, con solo algunos minutos de diferencia. El primer hombre, Earl, dijo que todo lo que recibió fue el número cinco; y el segundo hombre, Todd, dijo que era el número cinco que se encuentra en el relato de David y Goliat, y en la vida de David. El Señor le dijo que debía recordarme que David tomó cinco piedras del río cuando enfrentó a Goliat y que él y sus hombres enfrentaron a cinco gigantes durante su vida. Todd continuó diciendo que el Señor dijo que este número representaba algunas verdades muy importantes y que si yo lo buscaba para descubrirlas, Él me las revelaría.

Mientras me encontraba orando y ayunando durante los siguientes días, el Señor me reveló lo que representaban las cinco piedras, así como lo que representaban los cinco gigantes y cómo debía trazarlo en el bosquejo del libro que ahora está usted leyendo.

En la parte dos leyó que las cinco piedras de David eran una profecía de todo el arsenal de armas que el Señor tiene para los creyentes y cuáles son cada una de esas armas principales. Ahora, en la parte 3, hablaremos de la importancia de que David haya enfrentado un total de cinco gigantes durante su vida y lo que eso significa para nosotros.

Los cinco gigantes de David

Tras leer el relato de David peleando con Goliat en 1 Samuel 17, más tarde leemos en 2 Samuel 21 que estos hombres terminaron enfrentando cuatro gigantes más, para un total de cinco gigantes. Cuando comencé a investigar todos los lugares en que encontré el número cinco en la Biblia, descubrí un patrón impactante en el que el pueblo de Dios tenía que pelear contra cinco enemigos. Comenzando con Moisés, en Números 31 vemos que él tuvo que pelear contra los cinco reyes de Madián. Más tarde, en Josué 10 leemos que tuvo que pelear contra cinco reyes amorreos. Finalmente, en el tiempo de David vemos que el mayor enemigo de los israelitas eran los filisteos y, adivinó, ellos también tuvieron que pelear contra cinco príncipes establecidos en una confederación de cinco ciudades principales.

Ahora, por favor acompáñeme, mientras nos tomamos el tiempo para explicarlo y comprenderlo.

Tras haber investigado la historia de estas cinco ciudades, encontré algunos versículos interesantes en el libro de Josué, al respecto. Después de que murió Josué, todavía había partes no conquistadas de la Tierra Prometida por las que tenían que pelear los israelitas, ya que no todas las naciones habían sido echadas fuera aún, y estas cinco ciudades filisteas eran algunas de ellas. Leemos en Jueces 3:1-4 la razón: "Las siguientes naciones son las que el Señor dejó a salvo para poner a prueba a todos los israelitas que no habían participado en ninguna de las guerras de Canaán. Lo hizo solamente para que los descendientes de los israelitas, que no habían tenido experiencia en el campo de batalla, aprendieran a combatir. Quedaron los cinco príncipes de los filisteos, todos los cananeos [...] Allí los dejó el Señor para poner a prueba a los israelitas, a ver si obedecían sus mandamientos, que él había dado a sus antepasados por medio de Moisés".

Así que Dios dejó a estas naciones enemigas en la vida de su pueblo para probarlo, enseñarles acerca de la guerra a través de la batalla y para ver si obedecían sus mandamientos.

Cuando busqué estas cinco ciudades filisteas en el mapa, encontré que estaban acomodadas básicamente en un semicírculo alrededor de Belén, de donde era David. Pero había una de las ciudades filisteas que estaba definitivamente más cerca que las otras: la ciudad de Gat. Estaba a solamente veinte millas (32.19 km) de Belén, de manera que quedaba justo en el jardín trasero de David. Es importante observar que la Biblia nos dice claramente que los cinco gigantes con que se enfrentó David eran descendientes del mismo hombre quien, de forma interesante, venían de la ciudad de Gat.

Al buscar la palabra *Gat* en la concordancia Strong, encontré que significa "lagar". Cuando investigué un poco qué era un lagar, encontré que es un aparato que se utiliza para ejercer una presión controlada sobre las uvas, con el fin de liberar el valioso jugo de la fruta. También encontré que la presión debe controlarse cuidadosamente para evitar aplastar las semillas y liberar una gran cantidad de contaminantes no deseados en el jugo, y por ende, provocar que sea amargo y arruinarlo.

El Señor, finalmente me llevó a lo último que engloba todo. Varias veces ya había citado a Jesús en Juan 16:33, donde dice: "En este mundo afrontarán aflicciones, pero ¡anímense! Yo he vencido al mundo". Cuando buscamos la palabra *aflicción* utilizada en este pasaje y en otros, podemos ver que todo encaja. De acuerdo con la concordancia Strong, la palabra griega para "aflicción" significa "presión, opresión, estrés, angustia, adversidad, aflicción, destruir, aplastar, apretar y afligir". Describe el sufrimiento causado por una presión interna o externa. Pero lo más revelador para nuestro ejemplo, ¡también describe aplastar uvas en un lagar!

Los cinco gigantes que todos enfrentamos en la vida

Tal como las cinco piedras fueron una profecía de las cinco armas que Dios nos proporciona, los cinco gigantes que David enfrentó son una profecía de los cinco diferentes gigantes que debemos enfrentar en esta vida.

El Señor me mostró que cada persona que vive en este mundo, en realidad solamente tiene problemas en cinco áreas:

1. Relacional

2. Espiritual

3. Física

4. Emocional

5. Financiera

De hecho, no hay problema que podamos encontrar, que no esté contenido en una de estas cinco categorías. Él también me mostró que cada uno de los cinco milagros que han sucedido en mi vida corresponde con cada una de estas cinco áreas, tal como cada uno de esos cinco milagros involucró una de las armas sobrenaturales que Él nos proporciona.

Las cinco ciudades filisteas estaban ubicadas en un semicírculo alrededor de David, permitiéndoles acercarse a él desde una dirección distinta. Esto también es una profecía de que los cinco gigantes que enfrentamos en nuestra vida, también pueden venir a nosotros de diferentes direcciones, debido al gran campo que cubren.

El hecho de que los cinco gigantes que David enfrentó descendieran de Gat, un área muy cercana a su hogar, y que Gat significara lagar (una herramienta que ejerce presión controlada para sacar algo valioso), también es algo profético. Los gigantes que enfrentamos en nuestra vida, aquellos que vienen desde nuestro patio trasero, también ejercen presión sobre nosotros y nos aplastan. Tal como Jesús dijo, nosotros tendremos aflicción. Aprendimos que esto es lo que describe la aflicción: sufrimiento causado por una presión externa o interna; y de nuevo, la descripción incluso se compara con las uvas en un lagar. De manera que los gigantes que enfrentamos en nuestra vida, algunas veces pueden causarnos aflicción o tribulación.

La buena noticia es que cuando el proceso termina, ¡este puede producir algo valioso! Lo que determina si eso sucede o no es nuestra actitud y nuestra perspectiva de la situación.

En los pasajes de Jueces aprendimos que Dios les permitió a las naciones enemigas que permanecieran en la vida de su pueblo, con el fin de probarlo, enseñarle acerca de la guerra, a través de la experiencia en batalla, y ver si podían obedecer sus mandamientos. Nosotros necesitamos recordar que en la actualidad, Él puede utilizar las pruebas por las que pasamos para lograr lo mismo.

Dios no es el autor de las pruebas, pero estas llegarán. Cuando llegan, eso nos da la oportunidad de ejercitar nuestra fe en Él. Hebreos 5:8 dice acerca de Jesús: "Aunque era Hijo, mediante el sufrimiento aprendió a obedecer". Nosotros también necesitamos recordar que la Biblia nos dice en 1 Pedro 5:9–10: "Resístanlo, manteniéndose firmes en la fe, sabiendo que sus hermanos en todo el mundo están soportando la misma clase de sufrimientos. Y después de que ustedes hayan sufrido un poco de tiempo, Dios mismo, el Dios de toda gracia que los llamó a su gloria eterna en Cristo, los restaurará y los hará fuertes, firmes y estables".

Así como quien maneja el lagar es cuidadoso de no permitir que se ejerza mucha presión en las uvas, de manera que el valioso jugo no se amargue; nuestro padre amoroso no desea que nos encontremos bajo tanta presión que nos amarguemos y nos arruinemos. Debemos mantener la actitud correcta y continuar siendo obedientes y optimistas, a pesar de los tiempos difíciles y los gigantes que enfrentemos, sabiendo que la victoria solo puede venir después de la batalla y confiando que Dios nos dará poder para vencer. Como dice 1 Corintios 15:57: "¡Pero gracias a Dios, que nos da la victoria por medio de nuestro Señor Jesucristo!".

En los siguientes cinco capítulos veremos más de cerca cada uno de los gigantes que enfrentamos en esta vida, a través de testimonios de la vida real que muestran cómo luce la victoria en esas áreas.

Capítulo 11

Problemas relacionales

¡Relaciones restauradas!

UNA NOCHE, MIENTRAS predicaba en una iglesia, observé a una joven de veintitantos años, quien evidentemente estuvo luchando con Dios durante mi plática. Al final del servicio invité a la gente a que pasara al frente para recibir oración y su madre la llevó al frente. Le pregunté cuál era su petición de oración y ella dijo que había tenido un severo dolor de estómago durante varios años y que nunca se le había quitado. Ella había consultado a muchos médicos que le habían practicado muchos estudios, intentado con varios medicamentos y que incluso le habían practicado cirugías exploratorias, intentando averiguar la causa de su dolor; pero que nunca encontraron qué era.

Cuando comencé a orar por ella, el Señor me dio una palabra de conocimiento de que ella tenía una fuerte falta de perdón hacia su padre. Dejé de orar y le dije lo que creía que el Señor me había dicho y le pregunté si era cierto. Cuando lo hice, sus ojos se abrieron y ella miró a su mamá con asombro, antes de estallar en lágrimas. Ella terminó asintiendo. Le hablé un poco acerca de qué es perdonar a alguien y de que es una decisión opcional que tomamos, más que un sentimiento que experimentamos. También le expliqué que aunque la persona no merezca ser perdonada a nuestros ojos, debido a que nos ha herido profundamente, aún así Dios nos dice que perdonemos.

Terminé guiándola a través de una pequeña oración de perdón hacia su papá. Oré por su sanidad de nuevo, ordenándole al dolor que se fuera, en el nombre de Jesús. Cuando terminamos, ella estaba completamente libre del dolor por primera vez en años. Dijo que se sentía muy liviana y también sentía calor y cosquilleo en su cuerpo.

Al día siguiente, su mamá regresó y me relató el resto de la historia. La madre había consumido drogas durante toda su vida, pero recientemente se había acercado al Señor y había traído a su hija adulta, quien no creía en Dios ni asistía a la iglesia, para que recibiera oración por su estómago. Durante mi testimonio, la joven comenzó a cuestionarse si Dios era real y le dijo al Señor que si era real, ella deseaba tener algún tipo de experiencia personal con Él, como aquello de lo que yo estaba hablando. Entonces, ellas se acercaron para recibir oración y el Señor me dio una palabra de conocimiento acerca de algo que yo no pude haber sabido, y ella terminó siendo completamente sanada y sintiendo la presencia de Dios físicamente en su cuerpo. Su fe se elevó y ella supo que Dios estaba respondiendo a su oración y decidió aceptarlo en su corazón ahí mismo.

Entonces, ella se fue a casa y llamó a su papá para decirle que lo perdonaba por todo lo que le había hecho, y que deseaba comenzar el proceso para restaurar su relación. Su madre dijo que aproximadamente a las 2:00 a.m., su hija la llamó y le preguntó si podía prestarle una Biblia, ya que tenía muchas preguntas acerca de Dios.

Los gigantes de las relaciones

Todos tenemos diversas relaciones con otras personas que pueden variar en profundidad y significado, pero en un momento u otro, una de estas conexiones puede estallar y tornarse en un gigante de problemas en nuestra vida. Obviamente, entre más importante sea para nosotros la relación, más nos afectará; pero incluso las relaciones periféricas tienen la capacidad de causar grandes estragos en nuestra vida. Posiblemente es ese "tonto del trabajo" que nos saca canas verdes o ese "vecino malcriado" que tira excremento de perro en nuestro jardín.

Mientras estemos vivos en este mundo tendremos que lidiar

con la gente y, debido a que la gente nace con una naturaleza pecaminosa, y por lo tanto no siempre es perfecta, habrá problemas en nuestras relaciones. Cuando surgen estos problemas, es decisión de la persona la manera en que responderá a ellos y cual sea la decisión que tome la persona, esta determinará qué impacto o efecto tendrá en su vida. La única decisión que podemos tomar que nos bendecirá, es perdonar a aquellos que nos lastiman. Todas las demás decisiones solamente traerán dolor al final.

Por ejemplo, la amargura y el odio, si los dejamos en nuestro corazón, terminarán creciendo como un cáncer y finalmente consumirán a la persona que los alberga. De la misma manera, la persona que intenta simplemente ignorar las semillas de conflicto plantadas en ella por una relación problemática pasada o actual encontrará que esas semillas con el tiempo darán fruto. Es sumamente común que este fruto aparezca en un área completamente diferente de su vida: desde problemas de ira, adicciones, hasta problemas de salud, y la lista continúa.

La falta de perdón mata

Tal como la joven del primer ejemplo, es muy común que la salud de la persona sufra. El dolor de su estómago fue un resultado directo de la falta de perdón hacia su papá. Ni siquiera puedo recordar las veces en que he orado que un problema de salud sea sanado en alguien y el Señor me da una palabra para ellos acerca de la falta de perdón en su corazón que necesita ser abordada primero.

Una vez, mientras me encontraba ministrando en un congreso de mujeres, una mujer se acercó para recibir oración, con una lista de problemas escritos en un pedazo de papel, literalmente. Oré por ella durante algunos minutos sin que hubiera ni un solo cambio en nada. Cuando le pregunté al Señor qué estaba sucediendo, Él me dijo que ella no había perdonado a su exesposo, a su hermano y a otra persona de la infancia.

Dejé de orar y le pregunté si eso era verdad y ella dijo que sí.

Le expliqué que la falta de perdón es un pecado y que Efesios 4:26–27 dice que ni siquiera nos vayamos a dormir enojados, para que no le demos "pie" o "lugar" al diablo en nuestra vida. Cuando lo hacemos, entonces él tiene un terreno legal para atacarnos y eso incluye nuestra salud. Ella escuchó lo que yo estaba diciendo, pero dijo que no podía perdonar a las personas, porque ellas no lo merecían. Le expliqué que nosotros tampoco merecemos ser perdonados, pero de todas formas, Dios nos perdona a nosotros.

Le dije que se colocara a un lado y pasara un tiempo a solas orando al respecto, y la animé a decidir perdonar a su exesposo y a las otras dos personas, con todo su corazón. Entonces oraría de nuevo por ella, si así lo deseaba.

Cuando ella regresó conmigo una hora después, yo fui a orar por ella y, antes de que mis manos la tocaran, el poder de Dios la tocó y cayó al suelo. Abajo el telón. Cuando despertó más tarde, ella estaba asombrada al ver que varios de los dolores y problemas de su cuerpo habían sido sanados.

La primera vez que oré, no hubo cambio; la segunda vez oré y ella fue gloriosamente sanada. La única diferencia era que estaba admitiendo el pecado y perdonando a aquellos que la habían herido. ¡Ella había estado peleando con un gigante de las relaciones y no se daba cuenta de que este estaba atacando su salud! Santiago 5:16 dice: "Por eso, confiésense unos a otros sus pecados, y oren unos por otros, para que sean sanados".

Una noche en una iglesia un hombre pasó al frente. Cuando le pregunté cuál era su petición de oración él dudó antes de decirme que "era muy joven para sentirse tan viejo". Entonces me dijo muchas cosas que estaban mal en su cuerpo. Cuando comencé a orar el Señor me dijo que se debía a que el pecado no confesado había abierto una puerta para ser atacado por el enemigo.

Le dije lo que sentí que el Señor me comunicó y él lo negó categóricamente. De manera que oré de nuevo y le pedí al Señor que me revelara el pecado. El Espíritu Santo dijo que era un problema relacional y que no solamente había ofendido a alguien, sino que le guardaba rencor a esa persona después de haberlo hecho y sabía exactamente a quién se lo había hecho.

El hombre inmediatamente agachó la cabeza y comenzó a sollozar. Se alejó y se arrodilló frente al pastor de la iglesia, lo asió de los pies y le pidió perdón. El pastor levantó al hombre y habló con él durante largo tiempo, antes de que el hombre se fuera.

Más tarde, el pastor me dijo el resto de la historia. Aparentemente, una mañana en un servicio en el que había cientos de personas presentes, el pastor dijo algo con lo que el hombre no estaba doctrinalmente de acuerdo y se levantó en el servicio, y comenzó a discutir con el pastor. El asunto se puso tan feo que el pastor terminó sentándose sin siquiera terminar su sermón. Esto había sucedido un año antes y esa era la primera vez que el hombre había regresado. Él solamente había ido porque deseaba escuchar mi testimonio en el evento especial que habían celebrado.

La lección que aprendemos es que gracias a un gigante de las relaciones que provocó que él pecara y no se arrepintiera, el Señor dijo que él le había abierto la puerta a un ataque del enemigo que había causado su enfermedad. También tenemos el asunto de "ir contra el ungido del Señor". ¡Estoy seguro de que hay muchos pastores que desearían que compartiera ese sermón en su iglesia!

Otro día, una mujer me llamó por teléfono para pedir oración por un problema físico. Cuando le pregunté cuál era el problema, ella dijo que si yo realmente era un hombre de Dios, debía poder decírselo. Cuando oramos, el Señor me dijo que su problema más grande era la falta de perdón y más tarde, dijo que además de su problema de salud, ella también estaba lidiando con problemas económicos. Entonces el Señor me mostró una visión de un par de piernas muy delgadas que cada vez se hacían más gruesas y me hizo citar Isaías 40:31: "Pero los que confían en el Señor renovarán sus fuerzas; volarán como las águilas: correrán y no se fatigarán, caminarán y no se cansarán". Entre más hablaba, la mujer comenzaba a llorar más fuertemente, hasta que comenzó a sollozar.

Ella me dijo, después de serenarse, que había sido enfermera y que estaba teniendo un problema físico. Ella había acudido al médico, quien le hizo cierto tipo de exploración y su cuerpo tuvo una mala reacción a los químicos. Terminó dejándola casi paralítica. Ella ya no podía trabajar, lo cual le causaba una gran carga económica y apenas podía caminar, ya que los músculos de sus piernas y el resto del cuerpo habían comenzado a desgastarse. Esto era difícil para ella, ya que solía ser una ávida corredora y una persona muy activa. Debido a todo esto, ella cada vez odiaba más al médico que le había hecho la innecesaria exploración y no podía perdonarlo.

Le cuento esta historia, porque aunque había cosas muy graves en la vida esta mujer, ¡el Señor dijo que su problema más grande era la falta de perdón! Más tarde, Él comprobó de lo que estaba hablando al dar la visión que mostraba cuál era el problema. Ella estaba peleando con un gigante de las relaciones y este estaba ganando; pero Dios ya estaba listo para intervenir, de manera que ella pudiera mejorar en muchas áreas. La parte que le dio más alivio fue que, en la visión que el Señor me dio, sus piernas estaban creciendo. ¡El Señor dijo que ella caminaría y no se cansaría, correría y no se fatigaría!

Solo Dios puede llenar los huecos

Un hombre inmenso se acercó para recibir oración una noche por su adicción a los cigarrillos. Cuando oré por él, el Señor me dijo que uno de sus padres nunca lo amó ni le mostró amor. De manera que le pregunté cuál de sus padres no lo amaba. Cuando lo hice, apretó los puños y respondió entre dientes: "¡Mi madre!".

Yo no tenía idea de por qué el Señor lo había mencionado, hasta que me dio la siguiente parte de información. El Espíritu Santo dijo que debido a que el hombre nunca tuvo una relación con su madre, eso le había hecho un hueco a su corazón. Tan pronto como permitiera que el Señor se acercara a ese vacío y lo llenara, él ya no sería adicto a los cigarrillos. Cuando se lo dije, el hombre rompió en llanto, mientras Dios comenzó a ministrar su corazón.

El hombre había estado luchando con un gigante relacional durante toda su vida y nunca se había percatado de ello. No obtener el amor que necesitaba de su madre fue la raíz de su adicción a los cigarrillos. Sin la intervención de Dios, ninguno de nosotros lo habríamos sabido. Eso es lo que Dios desea hacer en nuestra vida, Él desea ir a la raíz de los problemas, para que nuestro corazón sea sanado y nuestras relaciones enmendadas.

Un día, una mujer llamó a nuestro ministerio para ordenar unos libros. Yo respondí y tomé su pedido. Ella estaba siendo muy brusca y un tanto desagradable en el teléfono. Después de tomar su pedido, le dije a la mujer con quién estaba hablando. Ella se avergonzó e intentó colgar rápidamente el teléfono, pero el Señor me dijo que orara por ella primero.

Tan pronto como comencé a orar, el Señor me dijo había alguien en su vida llamada Ruth y el Señor deseaba que ella ministrara a Ruth con el amor de Dios, para que la pudiera atraer a tener una relación con Él. Cuando le pregunté quién era Ruth, ella dijo que era su cuñada y que no era creyente. Continuó diciendo que si ella debía ministrarle amor, ¡tendría que ser el amor de Dios, porque ella la odiaba!

Yo agradecí su honestidad y el hecho de que Dios estaba yendo justo a la raíz del problema y abordando su falta de amor, mientras la animaba diciéndole que Él la llenaría de su amor para su cuñada. También pensé que era importante que el Señor deseaba enmendar esta relación, para que la otra mujer pudiera ser atraída a la fe salvadora con Él. ¿Qué enemigos tiene usted que Dios desea que alcance? El deseo de Dios es restaurar las relaciones, y sus razones para ello a menudo son más altas de lo que podemos imaginar.

Anteriormente mencioné a un amigo mío de la iglesia llamado Earl. Él fue uno de los dos amigos de quien obtuve una palabra del Señor acerca de la importancia del número cinco en este libro. Él tiene un gran testimonio acerca de los gigantes relacionales y de la naturaleza restauradora de Dios. Él se casó muy joven con una mujer llamada Denise. Después de tres años, ellos terminaron divorciándose. Él luchaba con el abuso del alcohol y no fue un creyente activo durante muchos años, pero Dios lo persiguió y él terminó siendo liberado del alcohol y regresó a la iglesia gracias a mucha oración. Después de trece años, ¡Denise y él terminaron volviéndose a casar y ahora ambos están activamente involucrados en su iglesia local!

Este es el Dios al que servimos, un Dios que nos da todas las armas que necesitamos para pelear las batallas que enfrentamos en esta vida. En el capítulo 1, usted leyó acerca del continuo abuso que recibí en la infancia. Este era un gigante relacional que me causó mucho dolor, pero Dios utilizó la poderosa arma de la Palabra a través de ese maestro de escuela dominical, de manera que yo supiera quién era Jesús y clamara a Él.

Si usted está lidiando con problemas relacionales en su vida que se han convertido en gigantes o si tiene algunas heridas de antiguas batallas, entonces sepa esto: Dios lo está animando y quiere verlo restaurado y que tenga paz en su corazón. Él desea que usted pueda tener una vida de victoria sobre los enemigos que esté enfrentando. Segunda de Corintios 2:14 dice: "Gracias a Dios que en Cristo siempre nos lleva triunfantes".

Capítulo 12

Problemas espirituales

¡Victoria a través de Jesús!

Días antes de salir para una cruzada en Honduras, una de las personas que ora por nuestro ministerio llamó para decir que el Señor le había dado la misma visión una y otra vez acerca de nuestro próximo viaje. En la visión, ella estaba recostada en la cama abriendo sus ojos, luego de un coma o de un sueño extrañamente profundo. Cuando sus ojos comenzaron a abrirse, ella me vio parado ahí. Yo brillaba y luz salía de alrededor de mí. Cuando le preguntó al Señor qué significaba, Él le dijo: "Muchos ojos serán abiertos".

De camino al terreno de la cruzada esa primera noche, el Señor me recordó un sueño que me había dado mucho tiempo atrás. Yo me encontraba en un edificio que sabía que estaba en una nación tercermundista y estaba orando por una mujer de alguna manera ciega, ya que solamente podía ver en blanco y negro, y no a color. Después de orar, sus ojos fueron sanados, pero yo sabía que eso era en parte simbólico. Se lo mencioné a la gente del coche y les dije que tan pronto como viera el interior, yo podría decir si ese era el edificio o no, porque yo recordaba cómo lucía detrás de la mujer, ya que había orado por ella en el sueño.

Una vez que entramos, inmediatamente supe que ese era el mismo edificio. Después de predicar esa noche, le compartí mi sueño a la gente e invité a todas las mujeres que tuvieran algún tipo de enfermedad en los ojos o ceguera que se acercaran al frente. Quince mujeres se acercaron al frente y se reunieron en semicírculo del lado derecho de la plataforma. Cuando me paré frente a ellas, vi a la mujer de mi sueño justo a la mitad, con siete mujeres de cada lado, y supe que ella se encontraba justo en el mismo lugar que en mi sueño.

Oramos por cada mujer. Cuando terminamos, catorce de quince afirmaron haber sido sanadas. Vimos aclararse perfectamente dos o tres ojos que estaban nublados o decolorados, así como algunos ojos muy rojos ser aclarados. Algunas de las mujeres habían sido ciegas de un ojo. Algunas tenían una visión muy pobre en uno o ambos ojos. Hasta ahora, no he visto a tanta gente sanada de la ceguera en seguida. Durante los siguientes días vimos a algunas otras personas ser sanadas de los ojos. El último día de la cruzada, un hombre que nació ciego, obtuvo aproximadamente 50% de su visión y pudo ver un poco después de la oración.

Esto realmente me emocionó. Comencé a orar al respecto y le pregunté al Señor qué estaba sucediendo. La respuesta me sorprendió. El Señor me dijo que muchas de las personas de la zona estaban espiritualmente ciegas y Él estaba abriendo los ojos de la gente en lo natural, para mostrarles lo que estaba sucediendo en el plano espiritual. ¡Sus ojos espirituales estaban siendo abiertos! Él estaba utilizando los programas de televisión, la cruzada y el resto de la obra del ministerio que Él nos mandó a hacer mientras nos encontrábamos ahí, para hacer retroceder la oscuridad y hacer brillar su luz para que fueran abiertos los ojos espirituales de mucha gente.

Cuando llegué a casa y volví a leer la visión que tuvo nuestra guerrera de oración acerca de que sus ojos pesados se abrían, que el Señor le decía que "muchos ojos serán abiertos" e incluso el hecho de que ella vio la luz brillar, me confirmó lo que sentía que el Señor me había dicho. Yo también busqué el sueño que tenía en mi diario y encontré que el Señor me había dado exactamente el mismo sueño un año, un mes, con un día antes de que sucediera, de manera que no podíamos equivocarnos de que era un "asunto divino". Incluso el que yo escribiera en mi diario que el Espíritu Santo puso en mi corazón que el hecho de que ella "viera a color era importante", mostraba el valor que Dios ve en que nuestros ojos espirituales sean abiertos.

Gigantes espirituales

Uno de los cinco gigantes que enfrentamos en esta vida es un gigante espiritual. Debido a que no podemos verlos, los gigantes espirituales a menudo son los más difíciles de discernir. Nosotros nos encontramos en una guerra espiritual y los adversarios que enfrentamos no se querrán marchar. Jesús nos dice en Juan 10:10 que nuestro enemigo no viene *sino* para robar, matar y destruir. El diablo y sus cohortes desean ver a la gente condenada al infierno y, si hay un creyente, ellos desean golpearlo hasta el punto en que sea inútil para el Reino. Esa es la mala noticia.

La buena noticia es que de acuerdo con Lucas 10:19, Jesús nos ha dado autoridad sobre ellos. Nosotros podemos "vencer todo el poder del enemigo". Primera de Juan 4:4 dice que Aquel que está en nosotros es más poderoso/más grande que nuestros enemigos que están en el mundo. Si eso no fuera suficiente para hacernos sentir seguros, ya hemos visto en la Biblia que el Señor ha proporcionado una variedad de armas sobrenaturales que tienen la capacidad de derrotar a nuestro enemigo, cada vez que las utilizamos correctamente.

En Efesios 6:11–12 leemos: "Pónganse toda la armadura de Dios para que puedan hacer frente a las artimañas del diablo. Porque nuestra lucha no es contra seres humanos, sino contra poderes, contra autoridades, contra potestades que dominan este mundo de tinieblas, contra fuerzas espirituales malignas en las regiones celestiales". De manera que tenemos esta larga lista de enemigos que nos muestra que ellos tienen un orden, una jerarquía. Se nos dice que nos pongamos la armadura de Dios, para poder hacer frente a sus "artimañas". Los versículos siguientes describen las diferentes piezas de la armadura. En el versículo 16 dice: "Además de todo esto, tomen el escudo de la fe, con el cual pueden apagar todas las flechas encendidas del maligno".

Nuestro enemigo ha sido desarmado

En Colosenses 2:15 leemos que Jesús desarmó a nuestro enemigo. En estos versículos de Efesios leemos que él solamente tiene "artimañas". Segunda de Corintios 2:11 dice: "Para que Satanás no se aproveche de nosotros, pues no ignoramos sus artimañas". De forma que el Señor no solamente le quita sus armas y lo deja solamente con artimañas, ¡sino que también nos dice cuáles son esas artimañas, a través de la Biblia!

Es importante observar que Efesios 6:16 nos dice que *además de todo esto* tomemos el escudo de la fe para apagar todas las flechas encendidas del maligno. Si nos encontráramos en una batalla de ese tiempo, ¿no querríamos disparar una lanza, una jabalina o incluso rocas desde una catapulta, en lugar de dardos que se desintegran debido a que se están quemando? Sí, lo querríamos; pero nuestro enemigo no puede, porque ha sido desarmado. Es por ello que él solamente puede arrojar flechas encendidas que tienen la apariencia de ser más mortales de lo que realmente son, lo cual es una de sus artimañas. Él intenta utilizar mentiras o temor para parecer más poderoso de lo que es, tal como el ladronzuelo que pretende tener una pistola en su bolsillo, mientras intenta robarle a alguien. Si la persona que está siendo robada teme retarlo, el ladrón se sale con la suya. ¡El Señor nos dice que tomemos el escudo de la fe, ya que no ignoramos estas artimañas! ¡Retemos al enemigo!

El Señor me dio dos sueños diferentes, con dos años de distancia, que muestran exactamente esto. En un sueño, yo me encontraba con un grupo de personas y estábamos siendo perseguidos y atacados por un lobo. Sonaba muy aterrador y al principio teníamos mucho miedo. Entonces nos percatamos de que estaba semimuerto ¡ya que sus patas traseras se estaban desgastando y no tenía la parte inferior de la quijada! Terminé peleando con él muy fácilmente, ya que no podía morder sin su quijada inferior y con músculos débiles. Era agresivo y persistente, pero debido a que no tenía manera de herirme de verdad, yo podía hacerlo huir, pero intentaba regresar después de un rato.

En el segundo sueño, yo me encontraba de nuevo con un grupo de personas. Esta vez, nos encontrábamos mirando a un caimán desmembrado. De pronto, cada una de las partes sueltas se unió y comenzó a perseguirnos. Nosotros estábamos asustados aunque podíamos ver que no tenía la parte inferior de la quijada. Y debido a que estaba desmembrado, no tenía fuerza. Cuando desperté, el Señor me dijo que su pueblo está asustado de cosas que están indefensas por haber sido golpeadas, desmembradas y desprovistas de poder.

Mi devocional diario de esa mañana, hablaba de lo mismo. Decía que la tentación es enfocarse en el problema. Eso es lo que el diablo planeó y es por ello que la envió en primer lugar: para distraer nuestra atención de Dios. No caiga en esta táctica o artimaña. Enfóquese en los pensamientos de Dios. Cuando lo haga, ¡la fuerza de la fe fluirá de usted y ahuyentará todo tipo de tinieblas! Nuestro enemigo puede ser persistente, pero él ya está vencido.

Enfóquese en Dios, no en el problema

Una mañana, antes de que fuera ministro de la iglesia, el Señor me dio un sueño. En el sueño, el Espíritu Santo estaba parado junto a mí y una mujer rubia, cuyo cabello le llegaba al hombro, estaba a diez pies, mirando hacia el otro lado. El Espíritu Santo me dijo que debía llamarla Jennifer, de manera que grité "Jennifer" varias veces, pero ella nunca volteó su cabeza ni me miró. El Espíritu Santo entonces me dijo que nunca la habían llamado así antes. Después estábamos parados junto a ella y su cabeza estaba agachada, como si tuviera atadas grandes pesas. Ella dijo que su cabeza era tan pesada que ya no podía sostenerla y tal vez alguien más debía hacerlo, porque estaba a punto de rendirse. Entonces el Espíritu Santo la tocó y vi que un demonio que yo nunca había visto, fue arrojado de su cabeza.

Ese día, después de predicar, le dije a la gente que creía que había alguien en la audiencia a quien le llamaban Jennifer, pero que nunca la habían llamado así en la vida; o probablemente era alguien que debió llamarse Jennifer, pero no se llamaba así. Una mujer se levantó en la parte trasera e inmediatamente supe que era ella cuando vi el largo de su cabello, de manera que la invité a pasar al frente.

Ella se paró frente a mí y los dos pastores de la iglesia permanecieron detrás de ella. El Espíritu Santo me dijo que le dijera que pusiera sus manos al frente, con las palmas hacia arriba. Entonces le dije que el Señor decía que estaba cargando un peso muy grande, una carga que ella no estaba diseñada para cargar o que se suponía que no debía cargar. Cuando lo dije, ella comenzó a caer hacia el frente, como si tuviera mil pesas en las manos. Los dos pastores literalmente tuvieron que tomarla de los hombros para evitar que cayera al frente.

Entonces el Señor me dijo que le comunicara que Él sabía cuántos cabellos había en su cabeza y que conocía la situación y la carga que ella estaba llevando, y que debía entregársela a Él. Así que le dije que volteara hacia abajo sus manos y que soltara la carga simbólicamente. Cuando lo hizo, rebotó hacia atrás y los pastores tuvieron que detenerla para que no se cayera de espaldas. El Señor me dijo entonces, que le dijera que no se rindiera, pero que debía enfocarse solamente en Él y confiar en Él.

En el almuerzo, el pastor me dijo que en esa semana se había reunido con ella y su esposo, y les había dicho exactamente lo mismo, pero ella no lo recibió. Ella tenía tres hijos adultos cada uno de los cuales tenía problemas graves y ella se había consumido al punto en que casi se salía de control. Ella trabajaba en el ministerio e incluso estaba hablando de dejar el trabajo, porque se encontraba fuera de sí, con dolor y preocupación.

Días después, yo tuve la oportunidad de hablar con la mujer. Ella me dijo que sentía como si una pesa grande hubiera sido removida de su espalda y ahora de nuevo estaba feliz y llena de paz. Le pregunté cuál era su nombre real. Ella dijo que su madre la tuvo muy joven y su abuela había elegido el nombre de Jennifer, pero después de que su madre estuvo en labor de parto durante diecinueve horas, decidió que debía ponerle nombre a su bebé ella misma y eligió otro nombre. Dijo que en ese momento, quienes lo sabían, ya habían muerto; entonces cuando la llamé, supo que era el Señor quien hablaba.

Menciono esto, porque el sueño que me dio el Señor, me mostró que en realidad un demonio era lo que estaba "en su espalda" oprimiéndola. Su profundo dolor era causado por este gigante espiritual que utilizó la preocupación que ella tenía para hacer que se enfocara en su problema y no se enfocara en Dios. Esto, por ende, le abrió la puerta al enemigo para sujetarse a ella y oprimirla.

Victoria a través de Jesús

Yo he visto durante los años, muchos ejemplos de gigantes que causan problemas en la vida de la gente, desde posesión demoníaca extrema, hasta opresión demoníaca tradicional. Si el problema persiste, casi siempre puede encontrarse una razón definible que de alguna manera le ha dado al enemigo terreno legal para llevar a cabo lo que esté haciendo.

Una noche, mientras me encontraba ministrando en Centroamérica, justo a la mitad de mi mensaje, el Señor me abrió los ojos espirituales. Vi que había un demonio dentro de un niño de diez años que estaba sentado casi en medio de la iglesia. Dejé de predicar e hice que el intérprete llamara a la madre con el niño y le preguntara acerca del niño. Ella dijo que se había vuelto un niño travieso y que algunas veces despertaba en la noche y comenzaba a hablar en un idioma que ellos no podían comprender, y que en el pasado, incluso los había perseguido con un cuchillo mientras hacía esto. También se había vuelto epiléptico en ese tiempo.

Yo comencé a orar por él. Tan pronto como lo hice, él se cayó y comenzó a presentar lo que parecía una convulsión tónico-clónica, antes de arquear su espalda; y más tarde parecía estar muerto. Entonces vi que uno de sus ojos apenas podía abrirse, cuando el demonio me miraba antes de cerrar el ojo rápidamente. Yo me arrodillé al lado del chico y le susurré al demonio que yo sabía que continuaba ahí y que tendría que marcharse, en el nombre de Jesús. Utilicé el arma poderosa de la autoridad y le ordené al demonio que se fuera, en el nombre de Jesús. El chico se sacudió violentamente y después se debilitó. Cuando se levantó del suelo, su rostro lucía diferente y tenía un semblante completamente distinto, mucho más pacífico.

Cuando le pregunté a la madre cuándo habían comenzado los problemas y ella dijo que fue en el tiempo en que un familiar se mudó con ellos. Después de hacer unas cuantas preguntas, descubrimos que está persona también estaba muy involucrada con el ocultismo. Era claro que las prácticas ocultas que estaban llevándose a cabo en la casa, fueron lo que abrió la puerta para que este chico fuera poseído.

Existen muchas otras puertas espirituales que podemos abrir sin darnos cuenta. Muchas personas están conscientes de las cosas obvias como las drogas, el alcohol, las prácticas ocultas, la brujería y cosas por el estilo; pero pocos saben que la falta de perdón, el pecado impenitente y desafiante, el temor, los traumas e incluso creer una mentira del enemigo—por nombrar algunas— puede abrirle la puerta a un ataque del enemigo.

Aquí deseo declarar que he encontrado algunos grupos de personas que intentan desacreditar la idea de que los espíritus malignos estén activos o puedan hacer cosas para influir, o incluso controlar a la gente, mucho menos a los cristianos. Por otro lado, he conocido a personas que creen que casi todo lo que sucede, se debe a algún espíritu maligno. Necesitamos cuidar de tener una perspectiva bíblica equilibrada al respecto y ser sinceros con nosotros mismos y con los demás. Si algo es pecado o la manera en que funcionan normalmente las cosas, que así sea, pero si su naturaleza es demoníaca necesitamos abordarlo también.

En el capítulo 2, usted leyó que yo fui adicto a las drogas y el alcohol durante casi veinte años, y que una mujer misionera que no me conocía, me dio una palabra del Señor diciendo que mi adicción en realidad era un problema espiritual provocado por los demonios que se habían asido de mí cuando fui abusado de niño. Yo estuve peleando contra un gigante espiritual todos esos años sin saberlo. Cuando ella y su esposo lo identificaron y utilizaron el arma de la autoridad en el asunto, ¡todo terminó!

No importa lo que el enemigo haya podido utilizar para atacarlo en el pasado o incluso en el presente, ¡la buena noticia es que hay victoria sobre los gigantes espirituales que enfrentamos, a través del nombre de Jesús! Como dice 1 Juan 5:5: "¿Quién es el que vence al mundo sino el que cree que Jesús es el Hijo de Dios?".

Capítulo 13

Problemas físicos

¡Los milagros de sanidad suceden hoy!

H ACE ALGÚN TIEMPO, me encontraba hablando en la costa oeste, cuando vimos que el Señor llevó a cabo un milagro bastante sorprendente. Yo había hablado en un evento para recaudar fondos el sábado por la noche en los ministerios internacionales Worldwide Heart to Heart, la cual es una organización sin fines de lucro con la que trabajamos y que hace una gran obra en Honduras con huérfanos y gente necesitada. Más tarde, una mujer llamada LeAnne, se me acercó y me preguntó si podía orar por su hijo. Supe que él no estaba ahí, así que invité a la mujer a que lo llevara a la iglesia, donde yo hablaría la mañana siguiente.

El siguiente día di mi testimonio y más tarde hice una oración grupal por toda la iglesia, antes de orar por cada uno. LeAnne y su esposo, Mike, llevaron al joven Christopher, para que recibiera oración, junto con la abuela y uno de sus hermanos. LeAnne y Christopher comenzaron a explicar que él había nacido con una enfermedad muy extraña que tenía un nombre muy largo. La enfermedad provocaba que su estómago estuviera paralizado y sus intestinos y el aparato digestivo no funcionaran como debían. Cuando Christopher era bebé, los médicos le dijeron a LeAnne y a Mike que su hijo moriría; y de hecho murió algunas veces, pero ellos siempre pudieron resucitarlo.

Para que pudiera vivir, le instalaron dos tubos en su abdomen: el tubo de gastrostomía (tubo G) que era utilizado para drenar la

181

saliva, la mucosidad y la bilis que se recolectaban en su estómago paralizado; y el tubo de jejunostomía (tubo J) era utilizado para alimentarlo con comida líquida. ¡Él tenía dieciséis años cuando oramos y nunca había comido un solo alimento sólido en su vida! Debido a esto tenía poca energía y su crecimiento físico había quedado atrofiado ligeramente, además de tener que sufrir de problemas digestivos diarios, entre ellos, mucho dolor estomacal. No solamente eso, sino que también tenía que estar conectado a máquinas que lo alimentaban varias veces al día y drenaban su tubo G diariamente, a veces dos veces al día, ya que nada podía entrar en su estómago.

Yo deseaba que toda la familia se involucrara en nuestra oración, de manera que formamos una especie de círculo. Le dije a Christopher que se colocara al centro. Comencé a explicar que yo no podía llevar a cabo ningún milagro, pero sabía que Jesús sí podía hacerlo y que Él obtiene toda la gloria y la alabanza, porque Él es nuestro sanador. También le dije al chico que no sabía cuál era el plan o el método del Señor para sanarlo, pero que oraríamos para que Dios lo llevara a cabo en ese momento. Entonces coloqué mi mano sobre su hombro derecho y comencé a orar.

Pude sentir una fuerte presencia del Señor y supe que Dios estaba llevando a cabo algo. Christopher comenzó a temblar y su rostro comenzó a sonrojarse un poco, cuando de pronto, comenzó encorvarse hacia el frente y dijo: "Algo anda mal. Algo le está sucediendo a mi tubo". Le pregunté si necesitaba sentarse y dijo: "No". Entonces el Señor me habló y me dijo que todavía no terminaba, yo tenía que colocar mis manos sobre Christopher de nuevo y continuar orando.

Cuando continué orando, pude ver la punta de su tubo que comenzó a vibrar o a pulsar hacia su playera, y más tarde, parecía que la vibración se había ido a su abdomen bajo. Christopher miró asombrado y su madre dijo más tarde que nunca antes había visto esa expresión en su rostro.

Él dijo después, que cuando yo había orado por toda la iglesia, una ligera vibración o pulsación había comenzado en su cuerpo, pero cuando coloqué mi mano sobre él y comencé a orar, él sintió una corriente eléctrica que recorría su cuerpo desde su hombro, donde se encontraba mi mano, hacia su pecho y luego al tubo. En ese momento fue cuando dijo sentir que algo andaba mal, porque la corriente eléctrica era tan fuerte que ardía. Cuando continué orando, él sintió una vibración y una pulsación causadas por la "corriente eléctrica" que recorría todo su sistema digestivo. Fue durante ese momento que yo vi que sus tubos pulsaban. Las vibraciones terminaron durando varios minutos.

Más tarde ese día, él comenzó a quejarse de un dolor extraño en su estómago que no había sentido antes. Como lo describió, su papá dijo que lo que decía sentir era lo que sentiría si estuviera hambriento. Ese día, Christopher comió la primera comida sólida de su vida, a los dieciséis años de edad, ¡y lo hizo en un buffet chino! Esto no era poca cosa, ya que si su estómago no hubiera sido sanado, él podría haberse enfermado con solo algunos pedazos y hubieran tenido que drenarlo. Cuando revisaron su sistema digestivo más tarde aquella noche y la mañana siguiente, este estaba vacío, ¡probando así que su estómago ya estaba trabajando y había sido sanado!

Dios no solamente sanó su estómago paralizado, sino sus intestinos y todo su sistema digestivo defectuoso fue sanado también. Sus dolores estomacales y todos los problemas digestivos desaparecieron a partir de ese día. Desde entonces, los médicos le han dado el visto bueno y le quitaron los tubos para siempre. ¡Por primera vez en su vida, esos tubos ya no salían por debajo de su playera!

Una de las otras cosas que Dios llevó a cabo ese día en Christopher, tuvo relación con otro problema con el que había lidiado toda su vida: el tartamudeo. Christopher tartamudeaba todo el tiempo, pero desde ese día ¡rara vez tartamudea! No tengo espacio para contar toda la historia, pero usted puede ir al sitio de Internet que su madre abrió, donde lo cuenta todo: www.christophersmiraclestory.blogspot.com. Creo que también es interesante observar que la iglesia a la que su familia asistía regularmente, no era el tipo de iglesia en la que hacían oraciones imponiendo las manos y ni siquiera aceptaban ese tipo de cosas. Dios continúa llevando a cabo milagros hoy, sanando a aquellos que se acercan a Él, ¡a pesar de lo que opine la gente!

Los gigantes físicos

En nuestro cuerpo físico podemos tener diferentes problemas, pero muy a menudo es un tipo de padecimiento: debilidad, enfermedad, defectos o dolencias. Si una persona nunca ha estado enferma o débil, hay una gran probabilidad de que en algún momento de su vida lo esté. Cualquiera que se haya enfermado gravemente puede decirle que los gigantes físicos son reales y que pueden ser muy intimidantes, y totalmente aterradores para algunos. Incluso las enfermedades de corto plazo y los problemas menores pueden causar grandes estragos en nuestra vida y nuestra rutina.

En el capítulo 3 leímos cuan gravemente me lastimé después de que cayera sobre mí el camión y que tuve que pasar por varias cirugías, y permanecer en el hospital durante mucho tiempo. Este fue un gigante físico de mi vida que, por la gracia de Dios, pude superar. Ahora incluso puedo ver todo lo bueno que Dios ha traído de esta tragedia, aunque sé que su perfecta voluntad no era que eso sucediera y que Él no lo provocó.

No toma mucho tiempo, después de investigar un poco en la Biblia, llegar a saber quién es el autor de este gigante físico. Génesis 3 y Romanos 8 nos dicen que después de que el pecado entró en el mundo debido al diablo, la Tierra entró bajo una maldición. Jesús no le da cabida a la duda cuando nos muestra en Juan 10:10 que el diablo no vino sino para robar, matar y destruir. Además, Él lo confirma varias veces cuando ora por la sanidad de la gente y se asegura de decir quién causó la enfermedad en primer lugar. Un ejemplo de esto se encuentra en Lucas 13:16, donde Jesús está hablando de una mujer encorvada quien acababa de ser sanada: "Sin embargo, a esta mujer, que es hija de Abraham, y a quien Satanás tenía atada durante dieciocho largos años, ¿no se le debía quitar esta cadena en sábado?".

El último versículo que deseo compartir con usted, también dice claramente quién es el autor de la enfermedad, pero lo emocionante de este ejemplo es que también nos da la cura. Hechos 10:38 dice: "Cómo lo ungió Dios con el Espíritu Santo y con poder, y cómo anduvo haciendo el bien y sanando a todos los que estaban oprimidos por el diablo, porque Dios estaba con él".

El Espíritu Santo enviado para otorgar poder

Este versículo explica por qué Jesús nunca llevó a cabo un milagro hasta que fue bautizado, ya que fue cuando el Espíritu Santo descendió sobre Él. Algunos creen que los milagros que hizo cuando estuvo aquí se debieron a que Él era Dios; pero leemos en Filipenses 2 que Jesús eligió rendir su divinidad mientras estaba en la Tierra, de modo que necesitaba al Espíritu Santo en Él para poder llevar a cabo milagros mientras se encontraba aquí. Si los milagros que Jesús hizo se hubieran debido a que estaba operando como Dios, no podría haber dicho en Juan 14:12 que nosotros haríamos las mismas cosas que Él hizo e incluso mayores que las que Él hizo, porque nosotros obviamente no somos Dios y nunca podremos serlo.

Jesús fue enviado para ser el ejemplo perfecto de cómo debe vivir el hombre y operar en esta vida, y es a través de la dirección y el poder del Espíritu Santo que mora dentro de nosotros. Es por ello que les dijo a sus seguidores en Juan 16:7: "Les conviene que me vaya porque, si no lo hago, el Consolador no vendrá a ustedes; en cambio, si me voy, se lo enviaré a ustedes". Jesús sabía que para que viviéramos victoriosamente nosotros necesitaríamos al Consolador—el Espíritu Santo—, de manera que Jesús se fue físicamente para que pudiera morar espiritualmente en cada uno de nosotros a través de la presencia del Espíritu Santo que mora en nosotros. Esto es verdaderamente fascinante, ¡porque es la razón por la que podemos continuar esperando ver milagros de sanidad en la actualidad, o cualquier otro tipo de milagro!

Permítame compartirle un rápido ejemplo de esto. Una

noche, mientras estaba orando por las personas en un servicio de sanidad en la costa oeste, oré por una mujer y después de terminar, ella se marchó. Comencé a orar por la siguiente persona de la fila y de pronto, el Espíritu Santo me habló y me dijo que deseaba que fuera a buscar a la última mujer y que orara por su espalda. Comencé a mirar entre la multitud y finalmente encontré a la mujer, a punto de salir del edificio, pero había cientos de personas entre ella y yo. Dichosamente, justo cuando llegó a la puerta, se volteó y puede hacerle señas para que regresara al frente.

Cuando finalmente llegó, le dije lo que me había comunicado el Espíritu Santo y le pregunté qué problema tenía en su espalda. Ella me dijo que había nacido con un defecto de nacimiento y que, debido a ello, no podía agacharse y siempre sentía dolor en la espalda. Hicimos una oración rápida. Cuando terminó la oración, la mujer se agachó y casi se tocó los dedos de los pies. Dijo que era la primera vez en cincuenta y un años que había podido agacharse, y que todo el dolor de su espalda se había ido.

No puedo recordar cuál fue su petición de oración la primera vez, pero sé que no tenía relación con su espalda. Aunque ella nunca lo mencionó, el Espíritu Santo sabía acerca de su defecto de nacimiento y deseaba sanarla, de manera que me lo dijo, y entonces me hizo buscarla para encargarse de ello. ¡La parte grandiosa es que este estilo de vida dirigido por el Espíritu Santo es lo que Jesús desea y pone a disposición de todos los creyentes! Como dijo en Juan 14:12: "El que en mí cree, las obras que yo hago, él las hará también".

La voluntad de Dios para sanar

En muchos lugares de la Biblia encontramos que se nos dice cuál es la voluntad de Dios con respecto a los gigantes que enfrentamos en lo físico, que no debería haber duda al respecto en la mente de ninguno, a menos que no conozca a Jesús. Me he encontrado con varias personas bien intencionadas y de buen corazón que, inconsciente o incluso conscientemente, basaban su respuesta a esta pregunta en cosas diferentes al honesto y abierto estudio de lo que la Biblia dice acerca de la sanidad.

Lamentablemente, hay personas que enseñan que Dios ya no lleva a cabo milagros y que ya no es posible que la gente ore una por la otra y vea milagros. Esta enseñanza o doctrina es tomada en serio por la gente que se sienta en las bancas de la iglesia o por aquellos que asisten a la escuela bíblica, porque confían en aquellos que se los dicen (¡no intente decírselo a Christopher, el muchacho del principio de este capítulo o a la mujer de la historia anterior o a mí; porque todos somos pruebas vivientes de que los milagros sí suceden cuando los creyentes oran los unos por los otros!).

Hay personas que han orado por que alguien sea sanado y esa persona no sanó, o ellos saben acerca de alguien que recibió oración y no fue sanado; o incluso que han orado por la sanidad ellos mismos y esta nunca llegó, entonces llegan a la conclusión "lógica" de que algunas veces no es la voluntad de Dios sanar. Estas personas han decidido basar su teología en la experiencia, lo cual es muy peligroso, ya que solamente debemos basar nuestra teología, doctrina o sistema de creencias en lo que dice la Palabra de Dios, en nada más. Si nuestras experiencias se alinean con la Palabra de Dios, entonces nuestras experiencias solo han sido validadas. Estas no marcan el estándar.

Está claro que todos debemos morir en algún momento y que cada uno hemos recibido un cierto tiempo para vivir. Dicho lo cual, también está claro que aunque Dios nunca promete que no nos enfermaremos, Él nos proporciona muchas promesas en la Biblia de que mientras estemos vivos, Él es nuestro sanador. Segunda de Corintios 1:20 dice: "Todas las promesas que ha hecho Dios son «sí» en Cristo". A continuación tenemos algunas de esas promesas:

Yo soy el Señor, que les devuelve la salud.

ÉXODO 15:26

Alaba, alma mía, al Señor, y no olvides ninguno de sus beneficios. Él perdona todos tus pecados y sana todas tus dolencias.

SALMOS 103:2–3

Al atardecer, le llevaron muchos endemoniados, y con una sola palabra expulsó a los espíritus, y sanó a todos los enfermos. Esto sucedió para que se cumpliera lo dicho por el profeta Isaías: Él cargó con nuestras enfermedades y soportó nuestros dolores.

MATEO 8:16–17

Estas señales acompañarán a los que crean: en mi nombre expulsarán demonios; hablarán en nuevas lenguas; tomarán en sus manos serpientes; y cuando beban algo venenoso, no les hará daño alguno; pondrán las manos sobre los enfermos, y éstos recobrarán la salud.

MARCOS 16:17–18

¿Está enfermo alguno de ustedes? Haga llamar a los ancianos de la iglesia para que oren por él y lo unjan con aceite en el nombre del Señor. La oración de fe sanará al enfermo y el Señor lo levantará. Y si ha pecado, su pecado se le perdonará.

SANTIAGO 5:14–15

Estos versículos, así como muchos otros que hemos visto anteriormente, son importantes porque muestran que nuestra sanidad no está solamente reservada para el cielo, sino para aquí también. Aunque no sepamos el método y el tiempo en que el Señor sanará a alguien, podemos estar seguros de que su Palabra nos dice que Él nos sanará.

Al viajar y orar por las personas para que reciban sanidad he observado algo muy profundo. Parece que muy a menudo el Señor sana a los no creyentes, e incluso a los nuevos cristianos, quienes no creen en la sanidad, solamente para mostrarles que Él es real y que los ama; pero a aquellos que han sido cristianos durante algún tiempo, los somete a un estándar más alto. Es como si los estuviera haciendo responsables de saber y creer lo que dice la Biblia al respecto, y espera que tengan fe para ser sanados. No siempre sucede de esta manera, pero es un patrón que he observado algunas veces. Esto también podría ser la razón por la que Jesús solo le mencionó a algunas de las personas que sanó que su fe las había sanado y no se los mencionó a todos.

Todo se trata de su amor

Una noche, mientras ministraba en una gran ciudad, sucedió algo que de verdad muestra de qué se trata la sanidad de Dios de los gigantes físicos. Después de predicar, di un breve mensaje de salvación y pregunté quién deseaba levantarse y recibir a Jesús. Solamente se levantó una persona de la audiencia. Era una mujer que se encontraba sentada casi hasta atrás. Ella había llegado tarde y por su aspecto, era obvio que había llevado una vida dura y continuaba llevándola.

Tras el segmento de la salvación terminé el servicio haciendo una oración masiva por todo tipo de sanidad en todo el lugar. Hemos visto al Señor llevar a cabo milagros asombrosos durante ese tiempo, de manera que mantengo los ojos abiertos durante esa oración, por si acaso veo algo. Mientras oraba, observé a la mujer que había recibido a Jesús, revisó la parte de atrás de su silla algunas veces e incluso se levantó y se sentó otra vez.

Terminé mi oración masiva y abrí paso al altar para aquellos que desearan oración individual, y se acercó una avalancha de gente. Después de aproximadamente dos horas, esa misma mujer llegó a la fila y ahora estaba frente a mí. La felicité por pedirle a Jesús que entrara en su corazón y le dije que era la decisión más importante que tomaría en la vida. Le pregunté cuál era su petición de oración y ella me dijo que no tenía ninguna, pero tenía una pregunta para mí.

Ella explicó que cuando comencé a orar por el grupo sintió que alguien puso la mano en su espalda, pero cuando ella volteó, no había nadie. Dijo que había tenido un problema en la espalda y este le provocaba mucho dolor. De pronto, esa mano se colocó en el lugar exacto en que el dolor era más fuerte y comenzó a acariciarla y frotarla suavemente. Ella volteó de nuevo, pero no pudo ver a nadie, de manera que eso la asustó. Ella se levantó para retirarse, pero se dio cuenta de que el dolor se había ido completamente de su espalda, de manera que se sentó de nuevo.

Ella dijo que también tenía un problema en el riñón y que este también le provocaba mucho dolor. Después de que volvió a sentarse, ella sintió que la misma mano tocó su costado. El dolor se fue inmediatamente de su riñón también. Entonces me miró muy seriamente y anunció que no estaba loca y que deseaba saber qué le había sucedido. Dios me dijo inmediatamente que le dijera que él simplemente le estaba mostrando cuánto la amaba.

Ella me miró muy confundida y dijo: "¿Por qué alguien me amaría?". Yo pude decirle, entonces, que se debía a que Él la había creado y que era su niña, su hija.

Se debe a ese amor que sucedan milagros de sanidad en la actualidad. Se debe también a ese amor que podemos confiar en que Él escucha y responde nuestras oraciones, cuando vamos en contra de los gigantes físicos de esta vida.

Capítulo 14

Problemas emocionales

Mentes restauradas y corazones sanados

HACE ALGUNOS AÑOS recibí una llamada telefónica de una mujer de mediana edad que padecía un cáncer de seno inoperable y a quien le habían dado poco tiempo de vida dos años a tras, pero milagrosamente continuaba viva. Ella dijo que el cáncer había avanzado tanto que uno de sus pechos estaba muy estropeado y de hecho se había herniado, causando que depurara algo asqueroso. Los médicos le habían dicho que no podían hacer nada más que mantenerla con medicamentos, de manera que ella decidió regresar a casa y morir ahí.

Ella había visto mi testimonio en la televisión y pensaba que si Dios pudo salvarme a mí, posiblemente Él la ayudaría, así que llamaba para recibir oración. Antes de comenzar a orar por ella, el Señor continuaba diciéndome que ella no sabía cuánto la amaba. Así que, una vez que comencé a orar, le dije lo que el Señor me había dicho. Entonces Él me dijo que le dijera a ella que era su "Papi". Ahora, permítame detenerme aquí para decir que sé que hay algunas personas que se refieren a Dios como su "Papi", pero nunca he visto a alguien así. De hecho, tengo que admitir que algunas veces en el pasado, incluso me incomodaba cuando alguien cercano se refería a Dios como su "Papi", pero ahora lo estoy superando.

Debido a mis propios complejos al respecto, en ese momento dudé en decirlo, pero el Señor me dijo de nuevo que le dijera que Él era su "Papi". Finalmente obedecí y tan pronto como se lo dije,

Él dijo: "Díselo de nuevo". Lo hice y Él dijo: "Dilo de nuevo". Así que dije una y otra vez: "Dios dice que Él es su Papi. Dios desea que sepa que Él es su Papi. Dios dice que Él es su Papi y que la ama". No estoy seguro de cuántas veces el Señor me hizo decirlo, cuando de pronto, la mujer estalló en llanto.

Ella dijo que creció creyendo en Dios y creía en Él desde que era joven, pero nunca tuvo un padre, de manera que le era difícil entender el amor de un padre. Cuando era pequeña, ella oraba todos los días por un "papi", pero nunca tuvo uno, de manera que también era difícil de creer que Dios realmente la amaba.

Continuamos orando, cuando de pronto, el Señor me dio la visión más asombrosa. Lo vi danzando con una pequeña negra que parecía tener entre ocho o diez años de edad. Ella tenía un lindo vestido rojo y ellos estaban tomados de las manos, danzando en círculos. Mientras lo hacían, el vestido volaba de un lado para otro. Él la miraba con tanto amor y orgullo que era sobrecogedor de mirar, y yo comencé a llorar.

Comencé a orar en mi cabeza por que ella pudiera ver la visión, porque era tan poderosa. Yo sabía que si ella tan solo pudiera verla, comprendería cuánto la amaba Él, incluso de pequeña. Antes de que yo mismo pudiera detenerme, comencé a orar en voz alta apasionadamente por que ella pudiera tener la visión. Finalmente, le pregunté si podía verla y ella no dijo nada. Oré un momento por que el Señor se la mostrara y le pregunté de nuevo. "¿La ve? Ella tiene un vestido rojo". Dijo en seguida: "Oh, mi Dios, ¡la veo! Está en mi muro". Entonces le agradecí a Dios en voz alta por la visión que asumí que el Señor le estaba dando y ella dijo: "No, usted no comprende. Es una pintura que está en el muro sobre mi cama".

Me dijo que después de que se enfermó de cáncer, una amiga de ella estaba en un mercadillo y se encontró con esa pintura de Jesús danzando con una *niñita* de color con vestido rojo. Él la estaba mirando con un gran amor, y su amiga sintió que debía comprar la pintura y dársela para mostrarle cuánto la amaba Dios.

El Señor me dijo que le dijera que cuando de pequeña oraba

por un papá, Él estaba justo ahí con ella y nunca la dejó. Es por ello que Él le había enviado esa pintura y la visión. Ambos lloramos y reímos y alabamos a Dios juntos por teléfono durante un rato, antes de terminar la conversación. Después de colgar el teléfono, me di cuenta de que nunca oré por el cáncer con ella y durante un momento me sentí decepcionado, antes de que el Señor me hablara. ¡Me dijo que saber cuánto Él la amaba fue lo más importante para ella! Esa certeza se llevó las mentiras de que Él no la amaba y eso quitó el dolor de su corazón. Yo tuve que pensar al respecto durante varios días antes de comprenderlo de verdad. Una cosa que eso me comprobó fue que el Señor de verdad desea sanar nuestras heridas emocionales.

Gigantes emocionales

La Biblia nos dice en 1 Tesalonicenses 5:23: "Que Dios mismo, el Dios de paz, los santifique por completo, y conserve todo su ser—*espíritu, alma y cuerpo*—irreprochable para la venida de nuestro Señor Jesucristo" (énfasis añadido). Este versículo nos muestra que somos un ser tripartito: espíritu, alma y cuerpo. Esto es interesante, considerando que la Biblia dice que somos hechos a la imagen y semejanza de Dios y que Él es un ser tripartito también: Padre, Hijo y Espíritu Santo.

Es obvio lo que es nuestro cuerpo. Es nuestra carne y hueso, literalmente, pero tiende a haber un poco de confusión con respecto a nuestro espíritu y nuestra alma. Algunas personas incluso usan ambas palabras indistintamente, pero la Biblia nos muestra claramente, como acabamos de leer en 2 Tesalonicenses, que son dos cosas distintas. Cuando busqué esto y leí una y otra vez cada vez que estas dos palabras se utilizan en la Biblia, parecía haber algunas áreas entrelazadas que llevaban a la confusión y diferentes definiciones por parte de eruditos de la Biblia.

Nuestro espíritu parece definir nuestra parte eterna que, una vez que nos hacemos salvos, nace de nuevo instantáneamente y le pertenece a Dios. Nuestra alma parece describir nuestra voluntad y las emociones, las cuales pueden afectar nuestros

.mientos y actitudes, al igual que nuestro espíritu. Ya que .os una compleja combinación de estas partes y es difícil entender la diferencia entre ellas, es interesante ver que la Palabra de Dios "penetra hasta lo más profundo del alma y del espíritu, hasta la médula de los huesos, y juzga los pensamientos y las intenciones del corazón" (Hebreos 4:12).

Nuestra área "anímica" es donde encontramos a los gigantes emocionales que pueden provocarnos muchos problemas. Esto puede suceder porque, como hemos leído, nuestra alma influye en nuestros pensamientos y actitudes, y puede llegar a nuestro corazón y nuestra mente.

Algunos gigantes emocionales comunes que la gente enfrenta son el temor, la ansiedad, la depresión, el dolor, el orgullo, la ira, el odio, la envidia, la amargura, la avaricia, la rebeldía, la culpa, la vergüenza, el rechazo, la falta de mérito, el aislamiento y la duda, por nombrar algunos. Como lo hemos visto, estos van desde lo que el médico cataloga como un trastorno mental a lo que el pastor llama un patrón de pecado, de manera que los gigantes emocionales cubren mucho.

Una vez que estas emociones son aceptadas y alimentadas, ellas comienzan a afectar nuestros pensamientos y actitudes con regularidad, hasta que se convierten en una fortaleza de nuestra vida. En ese momento, estamos lidiando con un gigante emocional tan grande como Goliat.

En el capítulo 4 leyó que yo me encontraba lidiando con el gigante emocional del temor y, más específicamente, el temor al hombre. Yo temía entrar en el ministerio, por temor a hablar frente a la gente, por temor a que me llamaran hipócrita y por temor a fracasar y terminar luciendo como un tonto. Ya sabe a lo que me refiero. Estaba consumido por el temor y eso se había convertido en una fortaleza en mi vida.

Derribar las fortalezas

La buena noticia es que, como lo aprendimos anteriormente, Dios nos proporciona armas sobrenaturales para pelear y estas son capaces de derribar fortalezas, así como cualquier otro gigante que intente alzar su horrible cabeza en nuestra vida. Como dice 2 Corintios 10:4: "Las armas con que luchamos no son del mundo, sino que tienen el poder divino para derribar fortalezas".

Otro gran ejemplo sería el de una enfermera que me llamó un día para recibir oración. Ella me había escuchado hablar en una iglesia de su ciudad y necesitaba oración, pero debido a que nunca había visto que oraran por la gente de esa manera en el tipo de iglesia al que normalmente asistía, eso la hizo sentirse incómoda y no pasó al frente.

Ella había peleado con una depresión crónica durante dieciocho años y estaba bajo la más alta dosis posible de medicamento, pero continuaba sintiéndose miserable. Tenía muy fuertes ideas negativas de ella misma y siempre se sentía culpable y avergonzada por cosas sobre las que no tenía control. De hecho, era tan malo que había llegado al punto en que ya no deseaba continuar y estaba haciendo el último esfuerzo por obtener ayuda.

Yo le expliqué que ella había creído las mentiras del enemigo y que estas se habían convertido en una fortaleza. Le dije que Dios pensaba que ella era valiosa y que la amaba. Entonces comencé a ordenarles a las mentiras que fueran reveladas y a la fortaleza de depresión que fuera quebrantada en ella, en el nombre de Jesús.

Escuché algunos ruidos extraños en el teléfono y le pregunté qué estaba sucediendo. Ella dijo que podía sentir que Dios estaba obrando muy poderosamente y que había comenzado a temblar y sacudirse, antes de caer sobre la cama. Dijo que nunca había experimentado algo así, pero que sentía que un peso muy grande se había quitado y ya no se sentía deprimida en ese momento.

Ella llamó en los siguientes meses para hacerme saber que le habían retirado los medicamentos en una semana, lo cual creía que era un milagro en sí mismo, considerando cuan alta era la dosis y cuánto tiempo la había estado tomando. Ella ya no se sentía deprimida ni tenía persistentes pensamientos negativos de sí misma. Más importante aún, ella había aprendido a reconocer las mentiras del diablo y a rechazarlas, antes de que pudieran convertirse de nuevo en una fortaleza en su vida.

Al hablar con ella algunos años después, creo que la parte más impactante fue que ahora que el gigante emocional había sido vencido, ¡ella finalmente podía sentir el amor de Dios en su corazón y se estaba acercando a Él y aprendiendo a confiar en Él todo el tiempo!

Exponer las mentiras

Los gigantes emocionales con los que la gente lucha pueden rastrearse hasta una mentira que la persona ha sido engañada para creer. Esto se aplica a las mentiras obvias como el temor o la depresión, pero también es cierto de los gigantes emocionales que podrían ser catalogados como pecado, tales como la envidia o la ira. La clave, entonces, es exponer la mentira por lo que es y reemplazarla con la verdad. En nuestro primer ejemplo, la persona no creía que Dios la amara, porque nunca había tenido un papá; así que la mentira debía ser expuesta y reemplazada con la verdad de que Él sí la amaba. En el segundo ejemplo, el enemigo continuaba diciéndole a la mujer que era una muy mala persona. Esa mentira necesitaba ser expuesta, para que ella pudiera ver que Dios la había hecho y que Él la valoraba.

Muy a menudo, la persona que está luchando con el gigante emocional, no tiene idea de lo absurda que es la mentira que ha creído, porque ha sido engañada a lo largo del tiempo y no puede ver la verdad.

Cierta vez me encontraba ministrando en una iglesia y, cuando oré por la congregación, pareció como si el Señor me estuviera hablando acerca de la esposa del pastor. El problema era que lo que yo estaba escuchando iba contra la lógica, al punto en que realmente dudé de estar escuchando correctamente.

Decir que esta mujer era asombrosamente hermosa, probablemente habría sido una descripción insuficiente. Cuando cantaba, ella sonaba como un ángel. También lucía muy segura y se comportaba con dignidad y clase. Pero lo que pensé que el Señor me dijo fue que ella se sentía como "el patito feo" desde que era niña y se sentía sin talento e indigna de hacer algo de valor.

Ella no pasó al frente para recibir oración y, debido a que parecía algo tan disparatado, yo simplemente lo ignoré. Pero al final del servicio su esposo me preguntó si podía orar por ellos como pareja y, mientras lo hacía, el Señor me lo recordó de nuevo y me dijo que se lo dijera.

Cuando me acerqué y le susurré que se sentía tan indigna y fea desde que era niña, y que Dios deseaba quitar esa mentira en ese momento, ella literalmente se colapsó en el suelo, sollozando. Más tarde, ella nos explicó que ciertas cosas sucedieron en su niñez y que desde entonces ella había creído esas mentiras. Incluso el pastor lucía sorprendido. Aparentemente esta era una fortaleza o un gigante emocional que ella había escondido durante años.

Muy frecuentemente, la gente se hace bastante hábil para esconder estas fortalezas después de que varias personas les dicen cuan absurdo es que piensen así, o bien, en los casos en que el asunto es un problema con el pecado, como saben que está mal lo esconden por vergüenza o culpa.

Quitarse las máscaras

Una noche tuve un sueño en el que me encontraba en una barbacoa en el jardín trasero de alguien. Estábamos una pequeña familia y yo. El papá estaba asando y, cuando hablamos, tuve la sensación de que algo le sucedía. Yo no podía corregirlo, ya que todo lo que decía, sonaba bien. De pronto, mi punto de vista cambió y comencé a observar una línea visible que rodeaba todo su rostro. En ese momento supe que él tenía puesta una máscara muy elaborada, como el tipo que utilizan en las películas de Hollywood. También observé que estaba sudando ligeramente en el nacimiento del cabello, y luego terminó el sueño.

Desperté y el Espíritu Santo me dijo que muchos cristianos tienen "máscaras" que son tan buenas que nadie se da cuenta. Ellos dicen y hacen lo correcto, pero no es lo que realmente está en su corazón, ya que hay fortalezas escondidas de pecado y otras mentiras con que el enemigo los ha acechado. Todo lo que dicen está filtrado a través de la "máscara" y ni siquiera su propia familia sabe la verdad. Pero la persona lo sabe en lo profundo y es por ello que el hombre de mi sueño estaba sudando. Él temía que descubriera que no era quien pretendía ser y que no creyera lo que él decía hacer.

Esa mañana hablé en una iglesia y, después de predicar, compartí este sueño. Entonces el Señor me dijo que anunciara que si alguien deseaba que Él le quitara su máscara, ellos tenían que acercarse al altar y Él lo haría por ellos. Nadie iba a orar por ellos, ya que sería un acto soberano de Dios. No importaba si la máscara se trataba de siempre decir cosas que no estuvieran en su corazón, de siempre sentir que tenían que parecer algo que no eran, de esconder mentiras que creían o incluso de esconder el pecado flagrante. Dios estaba listo para quitar esas máscaras si ellos se lo permitían y entonces, Él derribaría las fortalezas que había.

Yo me asombré cuando el altar comenzó a llenarse de personas y el poder de Dios golpeó el lugar. Mientras la gente se acercaba al frente, varios cayeron al suelo y comenzaron a sollozar. Otros clamaban a Dios por perdón y otros inclinaron la cabeza en un triste silencio. Algunos permanecieron de pie, otros se arrodillaron y otros habían caído postrados. Pero su posición no era lo importante. Lo importante era que decidieron pasar al frente y permitir que Dios removiera sus máscaras, y derribara las fortalezas: los gigantes emocionales contra los que estaban luchando.

Sepa esto: Dios desea derribar las fortalezas que han intentado atrincherarse en su vida, tanto como lo hizo por la gente aquel día. La gran noticia es que Él está disponible para hacerlo ahora mismo y puede hacerlo si se lo pide. No importa si su gigante emocional es tan grande que no puede esconderse o si está escondido detrás de una máscara. Dios desea exponer las mentiras del enemigo y, en cambio, plantar su verdad en su corazón, su alma y su mente, ¡para que sea liberado!

Capítulo 15

Problemas financieros

¡No existe recesión en la economía de Dios!

COMENCÉ A RECIBIR llamadas de todos lados, preguntando si Bruce Carlson (el hombre que oró por mí cuando sucedió el milagro creativo) y yo podíamos acudir a ministrar, después de la primera vez que aparecí en un programa de televisión que se transmitió en todo el mundo. Una de esas personas fue un sacerdote católico de las afueras de Honolulu, Hawái. Me dijo que estaba intentando enseñarle a su iglesia que Dios continúa haciendo milagros ahora y deseaba que pudiéramos asistir para compartir nuestro testimonio, para así comprobar la idea. La iglesia era pequeña, de manera que esperaba poder hacer que otras iglesias de la zona se interesaran, para que pudieran compartir los gastos y la planeación de algunas reuniones, para llevarnos. Él estaba muy emocionado y decía que creía que conectarse conmigo era "algo divino" y una respuesta a sus oraciones.

Algunas semanas más tarde, me llamó sonando muy decepcionado. Dijo que ninguna de las iglesias locales estaban interesadas lo suficiente para recibirnos y compartir los gastos o la organización, y que su iglesia era tan pequeña que no podrían costearlo. Él concluyó que seguramente no había escuchado a Dios como pensaba y que se disculpaba por hacerme perder el tiempo. Le dije que oraría al respecto y vería lo que Dios había planeado, de manera que oramos por teléfono y le pedí al Señor que enviara a alguien que pudiera organizar algunas reuniones e involucrar a otras iglesias, si esa era su voluntad.

Tres días después sonó mi teléfono y cuando miré el número antes de responder vi que era de Honolulu, Hawái, de manera que asumí que era el sacerdote que me estaba llamando de nuevo. Cuando respondí, me sorprendió escuchar una voz diferente. El hombre dijo que su nombre era Aaron y que me había visto en televisión tiempo atrás, entonces había ordenado mi libro, *Salvado por ángeles,* y había sido bendecido. Esa mañana, se encontraba conduciendo y el poder y la presencia de Dios llegaron al coche tan fuertemente que comenzó a llorar sin control y tuvo que detenerse. El Señor le dijo que debía llamarme, de manera que se dirigió a casa, miró la parte trasera del libro y llamó a nuestro número en obediencia. Él no sabía por qué estaba llamado y me preguntó si yo sabía.

Yo pude decirle que sabía exactamente por qué estaba llamando y más tarde le dije lo que habíamos orado tres días antes. Después, ambos lloramos, porque era obvio que el Señor estaba haciendo algo grandioso. Resultó ser que Aaron era un exitoso propietario de un negocio que también estaba involucrado en diferentes ministerios y tenía contacto con diferentes iglesias de la isla. No solamente armó y organizó diferentes reuniones, sino también compró los boletos de avión de Bruce Carlson y el mío, y nos recibió en su casa.

Yo siempre había deseado ir a Hawái, pero estaba decepcionado de no poder compartir la experiencia con mi familia. Días después, algunos amigos nuestros fueron a la casa y dijeron que el Señor les dijo que pagaran un boleto de avión para que uno de nuestros hijos pudiera ir a Hawái conmigo. Les agradecí por la oferta, pero les dije que no era correcto aceptarlo; y además, sería difícil solamente llevar a uno y no a los tres, ya que se llevaban pocos años entre ellos. La pareja se ofendió un poco y dijo que Dios les había dicho que lo hicieran y ya.

Acepté de mala gana su regalo y, cuando se fueron, le dije a mi esposa que no sabía lo que haríamos al respecto. Días después, alguien se puso en contacto con nosotros y dijo que el Señor le había dicho que pagaran por un boleto para que uno de nuestros hijos pudiera ir conmigo a Hawái. Al final de la semana, cuatro familias diferentes que no habían hablado entre sí, nos habían dado el dinero para que nuestros cuatro hijos pudieran venir conmigo. Solo faltaba el boleto de Lori y un hombre del otro lado del país, quien no sabía nada del viaje, nos envió dinero y dijo que lo utilizáramos para lo que deseáramos.

Las reuniones se desarrollaron bien y, después de cinco días de ministrar, pudimos disfrutar cuatro días de vacaciones auspiciadas y dirigidas por Aaron y su esposa, Min, quienes se convirtieron en grandes amigos.

El sacerdote estaba muy feliz de la manera en que se llevaron a cabo las cosas y parecía estar más feliz por la manera sobrenatural en que Dios había respondido sus oraciones, a través de un hombre obediente llamado Aaron. Yo también estaba asombrado de la manera sobrenatural en que el Señor había provisto los boletos para que fuera el resto de la familia, cuando yo ni siquiera había orado por ello. Yo pensé equivocadamente que esa sería una oración muy egoísta. Lori me dijo más tarde que cuando escuchó del viaje, ella comenzó a orar para que los niños y ella pudieran venir conmigo de alguna manera, ¡y sabía que los boletos que nuestros amigos nos regalaron eran respuestas a sus oraciones!

Gigantes financieros

La gente necesita comida para comer y un lugar dónde dormir. Nosotros también tenemos deseos que tiran de nuestro corazón y que pueden ser tanto legítimos como excesivos. Todas las personas que han vivido o que vivirán, tendrán que enfrentar gigantes financieros de una u otra manera. Si usted desea saber si los gigantes financieros son reales, solo pregúntele a una persona sin hogar, una persona hambrienta o una persona que acaba de perder su empleo, o cuya casa fue rematada por el banco.

Incluso la gente rica y cuya situación es cómoda enfrenta gigantes financieros, ya que son tentados o forzados a preocuparse por mantener su riqueza. He conocido a mucha gente rica que está más preocupada por el dinero que mucha gente sin hogar que he conocido. Desde países tercermundistas hasta naciones occidentales, los gigantes financieros están vivos y activos.

Es muy obvio para Dios que el dinero es un área que nos causa problemas, porque la Biblia dice muchas cosas acerca de los problemas relacionados con el dinero. Un versículo que a menudo se cita es 1 Timoteo 6:10 que dice: "Porque el amor al dinero es la raíz de toda clase de males. Por codiciarlo, algunos se han desviado de la fe y se han causado muchísimos sinsabores". A través de los años, algunos han malinterpretado esto, diciendo que el dinero es maligno o que incluso ser próspero es malo, pero eso no es lo que dice el versículo. Dice que el *amor* al dinero es malo.

Cuando Jesús dio el Sermón del Monte, también habló acerca del dinero y acerca de asegurarnos que no se hiciera muy importante para nosotros. El Señor hizo la siguiente afirmación en Mateo 6:21: "Porque donde esté tu tesoro, allí estará también tu corazón". Jesús estaba diciendo claramente que cuando el dinero se torna muy importante para nosotros, este se convierte en un gigante financiero, porque desvía nuestro enfoque de Dios.

Dicho lo cual, es necesario tener dinero para que podamos satisfacer nuestras necesidades diarias. Jesús lo sabía también y es por ello que continúa diciendo que no necesitamos preocuparnos por lo que comeremos, beberemos o vestiremos, porque Dios conoce nuestras necesidades y las satisfará. Él termina el tema con esta hermosa promesa en el versículo 33: "Más bien, busquen primeramente el reino de Dios y su justicia, y todas estas cosas les serán añadidas". Dios conoce los gigantes financieros que enfrentaremos en esta vida y está listo para abordarlos por nosotros, mientras pongamos nuestro enfoque en Él y hagamos lo que Él nos dice.

Enfóquese en Dios

Un querido amigo mío que ya partió con el Señor, me relató un gran testimonio que verdaderamente prueba lo que Jesús estaba diciendo.

Este hombre había sido criado en un hogar cristiano, pero una vez que se mudó y se casó, dejo de asistir a la iglesia. Terminó divorciándose de su esposa y comenzó a pasar por momentos verdaderamente difíciles emocional, espiritual y económicamente. Llegó un momento en el que se encontraba viviendo en un tráiler en el bosque y teniendo que conducir cierta distancia para llegar a un empleo que no cubría sus cuentas.

Un domingo despertó hambriento, pero no comió nada; acababa de utilizar su último dinero para ponerle gasolina a su camioneta y no recibiría su sueldo hasta el siguiente viernes. Decidió caminar hacia un lago cercano, simplemente para hacer algo y comenzó a arrojar piedras al agua. Él había crecido en un hogar que creía en Dios y él pensaba que creía, pero durante los últimos años había comenzado a dudar. Mientras arrojaba piedras al agua, su estómago gruñía de hambre y dijo: "Dios, si eres real, me encantaría comer algo. Creo que una torta de fresa me caería bien en este momento".

Mi amigo comenzó a pensar en cómo era asistir a la iglesia de pequeño y se sintió guiado a conducir unas millas hacia una pequeña iglesia que había visto en el pueblo contiguo. Cuando llegó allá, el servicio dominical estaba en curso, de manera que se sentó en la última banca y escuchó la parte final del sermón. Decidió que saldría justo antes de que terminara el servicio, para no tener que hablar con nadie, pero cuando estaba saliendo por la puerta, un anciano lo detuvo y se presentó. Mi amigo no deseaba ser grosero, de manera que habló con el hombre un poco y, para entonces, la gente ya estaba saliendo de la iglesia.

El hombre dijo que su esposa y él habían invitado a algunas personas a su casa para tomar un café después de la iglesia y le preguntó a mi amigo si sería tan amable en unírseles. Él terminó aceptando, ya que de todas formas no tenía nada que hacer, y fue a su casa con las demás personas. Después de hablar durante un rato, la esposa salió de la habitación y regresó de la cocina sosteniendo un plato de pastel de fresa, y lo colocó frente a mi amigo. Ella dijo que lo habían comido de postre la noche anterior y solamente les había quedado una porción, pero ella sentía que por alguna razón, debía dársela a él.

Mi amigo dijo que se lo comió con lágrimas en los ojos, sabiendo que Dios había respondido su oración y le estaba mostrando que era real y que sí se preocupaba por sus necesidades. También se dio cuenta de que Dios le estaba mostrando que necesitaba buscarlo a Él primero que nada, si deseaba paz en su vida, y que, si lo hacía, sus necesidades también serían satisfechas. Durante los siguientes años, se convirtió en un poderoso hombre de Dios y terminó abriendo varios ministerios en las cárceles del estado de Wisconsin e impactando a miles de personas para el Reino. Este es el tipo de cosas que suceden cuando Dios ajusta nuestras prioridades hacia Él. Cuando lo hacemos, Él se asegura de satisfacer nuestras necesidades.

Permítame compartirle otro testimonio que encaja justo con esto.

Un día, llamó un hombre pidiendo oración. Dijo que había estado buscando comprar una casa en una cuadra específica de una gran ciudad, durante diez años. En una semana, dos casas salieron a la venta en esa cuadra y él no estaba seguro de cuál comprar. Después de todo el tiempo que había estado esperando, no deseaba tomar la decisión equivocada y este asunto realmente lo estaba estresando. Comenzamos a orar y el Espíritu Santo causó la impresión en mi corazón de que el asunto real era que faltaba la relación de este hombre con el Señor. Yo dejé de orar y, después de hacerle algunas preguntas, resultó ser que él no asistía con regularidad a la iglesia y su relación con Dios no era muy activa. Hablamos acerca de la importancia de ello y más tarde comenzamos a orar de nuevo; y el Señor me dijo que él debía comprar la casa con la "raya azul". Le pregunté cuál de las casas tenía la raya azul en algún lugar y él dijo que ninguna, pero el Espíritu Santo dijo que él estaba equivocado.

Le dije que mirara cuidadosamente ambas casas de nuevo y me llamara. Al día siguiente, me llamó y dijo que uno de los cuartos de una de las casas tenía una raya azul, pero que había sido pintada y que la única manera en que pudo saberlo era porque quien la había vuelto a pintar, no había pintado la raya que estaba dentro del armario, donde la raya continuaba completamente azul. Entonces, continuó diciendo que no sabía qué hacer. Le recordé que habíamos orado y que Dios había respondido claramente. De manera que se reducía al problema número uno: su relación con Dios. Él no podía confiar, debido a que no estaba cerca de Dios y no tenía el tipo de relación en que podía escucharlo cuando Él hablaba.

Él hombre terminó comprando la casa de la "raya azul" y, aunque ambas casas estaban bastante cercanas en precio, él pudo comprar esta casa sustancialmente más barata después de negociar. El Señor respondió su oración por dirección y también lo bendijo; pero no hasta hacerle saber que deseaba una relación más cercana con él. El Señor no desea que tengamos presión a causa de nuestros gigantes financieros. Él desea que nos enfoquemos en Él y sepamos que podemos confiar en Él.

Confiar en Él

En el capítulo 5 usted leyó que en los primeros años después de mi accidente nos acabamos todo el dinero y los recursos, y estábamos enfrentando algunos enormes gigantes financieros. Entonces, después del segundo año en el ministerio comenzamos a obtener un salario, pero no cubría nuestras cuentas; y gradualmente, cada año después del accidente, el salario aumentó hasta que finalmente pudimos mantenernos. Dicho lo cual, el Señor me dijo muy claramente en el comienzo de nuestro ministerio que cuando ministráramos en un lugar nunca debíamos pedir nada de dinero. En cambio, teníamos que orar para saber si debíamos aceptar la invitación y que, sí debíamos aceptarla, Él se aseguraría de proveer el dinero que necesitáramos para el ministerio y para nuestra familia.

Esto significa que el ministerio siempre ha constado 100% de un caminar de fe, y continúa siéndolo, porque dependemos del Señor quien sobrenaturalmente proveerá todas las necesidades de lo que Él nos ha llamado a hacer—predicar, apoyar a orfanatos, proporcionarles libros gratuitos a los pobres y a las cárceles, entre otras cosas—además de proporcionar un salario para mantener a nuestra familia. Algunas veces se necesitan grandes desembolsos para hacer lo que el Señor nos ha llamado a hacer y tengo que admitir que ocasionalmente tengo que dejar que eso me presione un poco, no como solía, pero me he encontrado orando ansiosamente varias veces.

Un mes, el Señor me dijo que debíamos sembrar una cantidad significativa de dinero en algunos ministerios, para apoyar lo que estaban llevando a cabo. Obedecimos, pero no estábamos teniendo muchos ingresos y yo comencé a preocuparme al respecto. Me encontré postrándome en el suelo durante un rato, recordándole al Señor todas las cuentas que debíamos pagar, cuando de pronto, entré en una visión de manera inesperada.

Vi un campo de aspecto rudo con piedras y el césped muy crecido. Después vi a un hombre de la antigüedad, con una bolsa de piel marrón en su hombro, caminando por el campo. Se agachó e hizo algo en el pasto, y más tarde se levantó y miró al cielo con una mirada inquisitiva, antes de seguir. La visión terminó y le pregunté al Señor qué era.

Él me dijo que me levantara del suelo y me parara afuera en la entrada de mi casa y que mirara los grandes árboles de mi jardín. Cuando construimos nuestra casa en este terreno, yo la coloqué estratégicamente a propósito para que estuviera justo en medio de estos enormes robles, ya que me encantaban y disfrutaba la vida salvaje que atraían. Mientras miraba los árboles, el Señor me dijo que la visión fue de un día en que Él hizo que uno de sus hijos plantara esos árboles. Yo me asombré de pensar que los árboles tenían más de cien años. Entonces el Señor me dijo algo que me maravilló absolutamente. Me dijo que estaba pensando en mí ese día. ¡Él hizo que ese hombre plantara aquellos árboles para mí!

Yo estallé en llanto cuando me percaté de lo que me estaba diciendo. Si el Señor había hecho que alguien plantara esos árboles más de cien años atrás solo para mí, porque sabía que yo los disfrutaría, entonces Él sabía qué cuentas debían pagarse y Él se haría cargo de ellas. Ese tipo de amor significaba que podía confiar en Él. Usted también puede hacerlo, porque la Biblia dice que Él nos ama a todos.

Dios desea bendecirlo

Dios nos hizo una declaración a través del apóstol Pablo a usted y a mí en Filipenses 4:19. Dice: "Así que mi Dios les proveerá de todo lo que necesiten, conforme a las gloriosas riquezas que tiene en Cristo Jesús". Él dice que va a proveer todas nuestras necesidades conforme a sus riquezas y, para que lo sepa, ¡Él no está en bancarrota y no existe recesión en su economía! Por ejemplo, el Señor nos dice en Hageo 2:8 que de Él son el oro y la plata. Alguien más los ostenta en su poder por Él, pero no se equivoque, Dios tiene el control. Para que no haya confusión al respecto, Él dice en Salmos 50:12: "Pues mío es el mundo, y todo lo que contiene".

Dios no es el autor de la escasez. Nuestro enemigo el diablo sí. Como Jesús dijo, el enemigo no viene sino para *robar*, matar y destruir; pero Él vino para que pudiéramos tener vida y la tuviéramos en abundancia—la vida abundante—(Juan 10:10).

En Deuteronomio 8:18 leemos: "Recuerda al Señor tu Dios, porque es él quien te da el poder para producir esa riqueza; así ha confirmado hoy el pacto que bajo juramento hizo con tus antepasados". Más adelante, en Deuteronomio 28:1–14 leemos que esto se cumplió a través de varias bendiciones. Esta promesa originalmente fue para los israelitas, pero sabemos al leer el Nuevo Testamento, que esas promesas también aplican para nosotros en la actualidad. En lugar de obtenerlas por medio de seguir la Ley, como ellos; nosotros las obtenemos a través de la fe (ver Gálatas 3).

Tal como cualquier otro gigante que enfrentemos en esta

vida, necesitamos hacer que las promesas de Dios se planten profundamente en nuestro corazón, para que podamos conocer cuál es su voluntad en la situación y pelear desde un lugar de fe y victoria. Tenemos que creer que Dios desea que prosperemos; de otra manera seremos engañados para pensar que Él no quiere hacerlo y no nos levantaremos en fe para lo que Él tiene para nosotros.

Dios desea bendecir y hacer prosperar a sus hijos, porque los ama; pero también hay otra razón igual de importante que también necesitamos recordar: Dios espera que su pueblo bendiga a otros y no podemos ser una bendición si nosotros mismos no somos bendecidos, económicamente o en otra área. Tercera de Juan 2 dice: "Querido hermano, oro para que te vaya bien en todos tus asuntos y goces de buena salud, así como prosperas espiritualmente".

Conclusión

CUANDO EL SEÑOR comenzó a revelarme estas verdades del relato de David y Goliat que se encuentra en 1 Samuel 17, me asombré cuando me percaté de cuan proféticos eran para los creyentes de la actualidad.

Lo primero que el Señor me mostró de este relato, fue que a medida que avanzamos en la vida, cada uno de nosotros enfrentará situaciones o gigantes de adversidad que parecerán ser demasiado grandes para vencer. Estos serán impresionantes y aterradores. Nos gritarán y nos dirán que son más grandes que Dios o que su poder para ayudarnos. Serán ruidosos. No dejarán de gritar ni se alejarán, como la inquietante depresión, el constante dolor, el matrimonio roto, la adicción, la cuenta de cheques en números rojos o cualquier otra cosa que pueda estar enfrentando en su vida (ver 1 Samuel 17:1-11).

El siguiente detalle que se torna aparente es que Dios está buscando guerreros. Estos serán personas como Bruce Carlson, quien simplemente creyó en las promesas de Dios, más que en las amenazas del enemigo o que cualquier circunstancia que pudiera estar enfrentando. Ver o experimentar las injusticias del enemigo en su vida y en la vida de otros, provoca algo en su interior y los hace desear hacer algo al respecto. Son llevados actuar y no rendirse. Dios también dijo claramente que Él no fuerza ni "leva" a sus guerreros. Cada uno de nosotros decide libremente serlo o no. David tomó la decisión de ser un guerrero, mientras que otros no lo hicieron. Hoy puede decidir ser un guerrero, ya que es la voluntad de Dios para todos. ¡Dios dijo en Romanos 8 que somos más que vencedores! (ver 1 Samuel 17:12-32).

El siguiente punto importante que surgió, fue que a medida que el pueblo de Dios viviera, ellos atravesarían pruebas o batallas que Dios utilizaría para hacerlos madurar más y que fueran más completos. Esto muestra que nuestra madurez espiritual no sucede a pesar de nuestras pruebas, sino más a menudo debido a ellas. Después de pasar por una escaramuza y ver cómo Dios los sacó de ella, tendrían entonces más fe y podrían creer que Dios estaría ahí a pesar de todo lo demás que el enemigo les presentara.

Un ejemplo de mi vida sería la manera en que, después de ser abusado, clamé a Jesús y Él me abrazó y derramó su amor sobre mí. Esta experiencia me dio más tarde la seguridad de que siempre podría clamar a Él y saber que Él estaría conmigo. David lo sabía, porque el Señor lo había librado de un león y un oso en el pasado, podía confiar en que Él lo ayudaría en la situación contra Goliat también. ¿A través de qué situaciones lo ha llevado el Señor y le ha mostrado que puede confiar en Él? (ver 1 Samuel 17:33–37).

El siguiente elemento claro era que las armas que Dios nos proporciona para la batalla, no son las mismas que utiliza el mundo. Segunda de Corintios 10:4 dice lo siguiente: "Las armas con que luchamos no son del mundo". Esto significa que la gente que está de nuestro lado, así como la que está del otro lado, algunas veces no comprende lo que estamos llevando a cabo o no está de acuerdo con ello.

Tras haberme recuperado físicamente para trabajar como mecánico de nuevo, hubo tanto cristianos como no cristianos que se ofendieron de que decidiéramos dedicarnos al ministerio y tuviéramos la fe en que Dios nos apoyaría, en lugar de regresar a mi trabajo. Pero nosotros sabíamos lo que Dios nos había dicho que hiciéramos. De la misma manera, tanto el rey Saúl e incluso el adversario de David, Goliat, pensaron que David debía haber utilizado armas "convencionales". Pero en cambio, David confió en Dios al juntar cinco piedras del río. ¿Usted ha recibido y aceptado las cinco armas sobrenaturales que el Señor ha puesto a disposición de sus hijos? (ver 1 Samuel 17:38–48).

Otra cosa importante que nos muestra este encuentro es que necesitamos confrontar nuestros gigantes de frente y no permitirles que nos intimiden, de manera que no hagamos nada, o peor aún, que huyamos de ellos. Durante cuarenta días seguidos, los dos ejércitos se enfrentaron. Cada día, los israelitas se colocaban en la línea deseando vencer al enemigo, pero ganaban sus tácticas de miedo y todos los días terminaban retrocediendo y huyendo de él. Cuando David apareció y enfrentó al gigante, la Biblia dice que corrió a su encuentro. Nosotros necesitamos hacer lo mismo: ¡enfrentar a nuestros gigantes en fe en lugar de temerles y huir de ellos! (ver 1 Samuel 17:23-24, 49-51).

Uno de los puntos más interesantes que vemos en este relato es que, después de pelear con los gigantes y vencerlos, había recompensas y ascensos. En dos veces diferentes se registra que David pregunta qué le pasará al hombre que mate a ese gigante (ver los versículos 26 y 30). Él aclara más tarde que la razón por la que eligió pelear con el gigante, no se debió a las recompensas, sino al nombre de Dios. Sus prioridades estaban en orden (vv. 29, 45-47). Dicho lo cual, después de matar al gigante, recibió las recompensas y tuvo un gran ascenso. Toda su vida cambió después de soportar la prueba, en la misma manera que cambió la vida de Jesús e instantáneamente fue "ascendido" al ministerio, después de enfrentar a los "gigantes" de derrota en el desierto (ver Mateo 4).

Observe que David primero enfrentó al león y al oso, antes de enfrentar a Goliat, antes de enfrentar a ejércitos completos y antes de convertirse en rey. Sepa que los gigantes y las pruebas que está enfrentando lo están preparando y entrenando para su futuro. ¡Su victoria sobre ellos será lo que lo lleve al siguiente nivel!

Estar completamente equipados

David solamente utilizó una de las piedras para matar a Goliat, pero el Señor hizo que recogiera cinco piedras diferentes, de manera que estuviera completamente equipado. El hecho de que hubiera colocado las piedras en un bolsillo interior de su bolsa de pastor, es una profecía de cómo desea el Señor que recibamos todas las armas que Él nos ha proporcionado y las guardemos en nuestro corazón, de manera que siempre las tengamos a la mano. Cuando David se acercó a la línea de batalla, él pudo sacar y utilizar la piedra específica que el Señor le ordenó, como la más pequeña para un disparo a gran distancia o la más grande para un disparo a corta distancia. Si él solamente hubiera tomado una sola piedra grande del río y el Señor le hubiera dicho que hiciera un disparo de larga distancia, él habría estado en un gran lío, ya que la piedra no habría llegado.

De la misma manera, Dios nos ha dado un cuerpo humano con cinco sentidos, de manera que pueda estar completamente equipado para esta vida. Si faltan o no funcionan uno o más sentidos, eso puede representar una enorme desventaja para la persona. Cuando repasamos las cinco armas que el Señor nos ha dado para derribar a los gigantes de nuestra vida, posiblemente usted se dio cuenta que está acostumbrado a utilizar algunas y otras no. Posiblemente conozca la Palabra, pero le cuesta alabar a Dios; o posiblemente esté orando, pero nunca haya pensado en utilizar la autoridad que nos ha sido otorgada. Si ese es el caso, usted tiene una desventaja ante sus enemigos. Llegará un día en que el gigante le esté gritando y el Señor le diga que saque un arma específica para vencerlo, pero si usted no la lleva en su bolsillo, no podrá hacerlo y tendrá que retroceder.

Esas cinco piedras representaban un arsenal completo de armas a través de las que el Señor desea otorgarle poder a su pueblo. Él sabía que necesitaríamos toda una variedad para ser victoriosos. Que este día su decisión sea recibir y aceptar todas las armas que el Señor tiene para nosotros, y comience a hacer el hábito de utilizarlas, para que esté completamente preparado y cómodo con ellas. Cada una está diseñada para vencer las principales tácticas del enemigo y si se percata de que batalla con una táctica particular que utiliza el enemigo, persevere en esa arma en específico que el Señor le ha dado para vencer esa táctica. El Señor ha suplido todo lo que necesitamos para triunfar siempre. Esta no es una exageración y su Palabra lo comprueba en 2 Corintios 2:14: "Sin embargo, gracias a Dios que en Cristo *siempre* nos lleva triunfantes" (énfasis añadido).

Jesús dijo que en este mundo tendríamos aflicción, de manera que sabemos que los gigantes se acercarán y el simple hecho de ser cristianos, no los detendrá. La buena noticia es que Él continuó diciendo que Él había vencido por nosotros al mundo, de manera que sabemos que cuando se termine la batalla, podemos disfrutar la victoria y las lecciones que aprendimos durante la lucha. No se confunda, Dios no es el autor de las pruebas, pero Él es suficientemente poderoso para utilizarlas para nuestro beneficio.

Si usted abraza este mensaje, este lo cambiará para siempre a medida que vaya de gloria en gloria, viviendo la vida milagrosa que Dios ha puesto a disposición de todos sus hijos. La mejor parte es que podemos compartir esto con los perdidos y los necesitados del mundo, mostrándoles cuánto los ama Dios y quién es Él, mientras nuestra vida rebosa de su amor y de su poder.

Epílogo

Cómo entrar en una vida milagrosa

UNA DE LAS cosas que encontramos es que David tuvo que pelear contra Goliat aquel día, porque él comprendió que estaba bajo un pacto con el Dios vivo. Posiblemente lucía como un pastorcillo, pero sabía que era un gran mata gigantes, no por lo que él hiciera, sino por quien Dios es.

Las cinco armas sobrenaturales de las que hablamos y los testimonios que leyó, prueban que los cristianos de la actualidad continúan teniendo un pacto o acuerdo con el mismo Dios vivo de David. De hecho, nuestro pacto o "trato" es aun mayor que el suyo, porque nosotros estamos bajo un pacto de gracia y no de ley como él; y el Espíritu Santo ahora está al alcance de todos (puede leer más al respecto en Gálatas 3 y en el libro de los Hechos).

La mejor parte de todas acerca de entrar en este pacto no son los beneficios que tenemos mientras estamos en la Tierra, aunque son grandiosos. La mejor parte de este trato es que cuando hacemos a Jesucristo el Señor y Salvador de nuestra vida, nosotros tenemos la seguridad de que al momento de morir, cuando pasemos de esta vida a la vida siguiente, podremos pasar la eternidad con el Dios que nos ama más de lo que imaginamos.

Para que eso suceda, necesitamos saber algunas cosas. Una es que todos somos pecadores y el pecado no puede entrar en el cielo. Incluso si somos "buenas" personas, eso no es suficiente (Romanos 3:20-23; 6:23). La buena noticia es que Jesús murió en la cruz para pagar el precio del pecado del hombre, por el amor de Dios hacia el hombre (Juan 3:16; Romanos 3:24-25).

La siguiente parte suena demasiado buena para ser verdad,

pero el hecho es que es absolutamente verdadera. Romanos 10:9 nos dice: "Que si confiesas con tu boca que Jesús es el Señor, y crees en tu corazón que Dios lo levantó de entre los muertos, serás salvo".

Si usted nunca le ha pedido a Jesús que perdone sus pecados y que entre en su corazón, y está dispuesto a hacerlo el Señor de su vida, entonces simplemente diga estas palabras con todo su corazón, ahora mismo:

> *Querido Jesús, yo sé que soy un pecador. He pecado contra ti y contra otras personas, te pido perdón por mis pecados y me arrepiento de ellos. Te pido tu perdón y lo recibo hoy. Jesús, te invito a ser el Señor y Salvador de mi vida, y creo en mi corazón que tú moriste por la pena de mi pecado en la cruz, y después de tres días resucitaste de los muertos y estás sentado en el cielo. Señor, te pido que envíes a tu Espíritu Santo a llenarme hasta rebosar ahora mismo y que me deshagas, me moldees, me hagas la persona que deseas que yo sea. En el nombre de Jesús, amén.*

Si usted acaba de hacer esta oración con todo su corazón, entonces está hecho. Ahora usted es un hijo de Dios y está bajo un pacto con Él. Esta es la decisión más importante que tomará y, haya sentido algo o no, ahora usted ha "nacido de nuevo" como dijo Jesús (Juan 3).

Este es solo el comienzo de una nueva y emocionante vida. Para ayudarlo en su viaje, aquí hay algunas cosas que debe intentar hacer de inmediato:

1. Encuentre una iglesia que le enseñe la Palabra de Dios e involúcrese.

2. Conviva con creyentes maduros que puedan ayudarlo a crecer en su fe recién descubierta.

3. Bautícese en agua y dígales a otros lo que ha hecho.

4. Comience a leer la Biblia diariamente y a orar a Dios como si hablara con su mejor amigo, sabiendo que Él lo ama.

5. Decida diariamente vivir para Dios y honrarlo a través de su obediencia a Él y su amor por otros.

Felicidades por su decisión y sepa que ahora ha entrado en una vida milagrosa.

Apéndice

Una carta de parte de Dios

U N DÍA, MIENTRAS estaba en un servicio de la iglesia, en el tiempo en que estaba terminando este libro, una mujer sentada justo detrás de mí, obtuvo este mensaje o palabra de Dios, el cual después compartió con la iglesia. Describía perfectamente gran parte del contenido de este libro e hice que lo transcribieran para añadirlo aquí. Creo que este fue un mensaje, no solamente para la iglesia aquel día, sino para ustedes los lectores de este libro y para toda la gente.

Mi pueblo:

Las pruebas llegan, recíbanlas como las oportunidades que son: estas son oportunidades para que prueben mi fidelidad. No permitan que las pruebas de la vida les roben su gozo. Sepan que yo puedo obrar todas las cosas para su bien. Deseo que recuerden, todo el tiempo y de todas las formas, que yo tengo su mayor bien en mente. Yo nunca los dejaré ni los abandonaré. Deben rechazar cada pensamiento que venga a hacerles pensar que son huérfanos espirituales. Yo no rechazo a mis hijos. Crean que estoy rompiendo todo yugo de oscuridad que ha sido enviado contra su fe, en mi fidelidad hacia ustedes.

El enemigo no viene sino para robar su fuerza y para sembrar semillas de abandono durante las pruebas. Pero yo estoy vivo, estoy activo, soy poderoso y soy omnisciente, benigno y fiel. Eso no cambia que las pruebas lleguen. Rechacen todo pensamiento que no esté de acuerdo con quien yo soy. La fe es la capacidad de ver con mis ojos celestiales, creer con mi corazón y creer que no hay nada que yo no pueda hacer.

Yo deseo transformar sus percepciones de lo que los rodea. ¿No les he ordenado que lleven cautivo todo pensamiento? Lleven cada pensamiento a la luz de mi amor, mi fidelidad y mis promesas.

En los días siguientes, yo comenzaré a llevarlos a esos lugares que describo en mi palabra como "gloria en gloria". Hijos, mi deseo es hacer que su vida sea gloriosa. Vengan conmigo, a mi presencia, y escuchen mi corazón. Entre más tiempo pasen conmigo, más sabrán quién soy y más podrán discernir lo que no soy. Deseo traerles algo nuevo, un asombro como de niño hacia las cosas que descubran en el lugar secreto donde me encuentro con ustedes en oración. Busquen mi rostro; crean que yo deseo pasar tiempo con ustedes. Sepan que hay muchas cosas buenas que deseo traer a su vida, llevar a través de sus manos a aquellos que los rodean.

Los amo, nunca los dejaré ir. ¿No dije que podían recibir "gratuitamente" todas las cosas que les he dado para que reciban? Ustedes han sido hechos dignos de recibir. Así que reciban, incluso hoy. Reciban todo lo que les he dado. Vengan conmigo. Vengan conmigo.

Mi amor ha hecho su vida gloriosa, mi amor y mi provisión. Mi vida ha sido dada para que ustedes pudieran recibir libremente.

Ustedes son mis hijos amados. ¡Los amo!

EQUÍPATE CON EL
ARMA MÁS PODEROSA

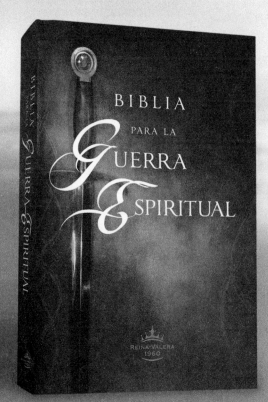

CARACTERÍSTICAS Y BENEFICIOS

- Versión Reina-Valera 1960 (la versión de la Biblia más leída en español).

- Incluye materiales adicionales de estudio, escritos por más de veinte líderes y autores cristianos de renombre.

- Provee información práctica para prepararte y equiparte en la guerra espiritual.

- Contiene herramientas de entrenamiento para la guerra espiritual, tanto para el estudio individual así como para grupos pequeños.

- Incluye referencias y mapas a color.

La **Biblia para la guerra espiritual**, te ayudará a prepararte y equiparte como un guerrero espiritual

CASA CREACIÓN

ADQUIÉRELA EN
CUALQUIER TIENDA DE LIBROS

REINA-VALERA 1960

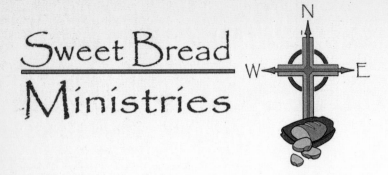

Sweet Bread Ministries es un ministerio no denominacional dedicado a dirigir a las personas de diferentes orígenes a una relación más íntima con el Señor y con la vida abundante que Él nos ofrece. Nos esforzamos por hacer esto a través de la predicación bíblica, la enseñanza, la oración y la sanidad, así como a través del apoyo a orfanatos y el ministerio de libros gratuitos para las cárceles y los pobres. Estamos disponibles para dar charlas en su iglesia, escuela, centro correccional local, o eventos especiales en todo el mundo. También damos seminarios de uno y dos días, así como servicios de oración y avivamiento. Por favor, póngase en contacto con nosotros si desea ver gente convertida, sanada y liberada por el poder y el amor de Jesús.

Sweet Bread Ministries
230 State Highway 66
Rudolph, WI 54475

Teléfono: 715-213-6116 (solo en inglés)
Website: sweetbreadministries.com
Email: questions@sweetbreadministries.com